앤드류 머리
완전한 순종

ABSOLUTE SURRENDER
by Andrew Murray

Copyright ⓒ 1981, 2003, 2014 Korean by Word of Life Press,
Seoul, Korea
printed in korea.

앤드류 머리 **완전한 순종** (구제: 절대 헌신)

ⓒ 생명의말씀사 1981, 2003, 2014

1981년 5월 20일 1판 1쇄 발행
1999년 8월 10일 2판 14쇄 발행
2003년 7월 20일 3판 1쇄 발행
2014년 8월 25일 4판 1쇄 발행
2024년 10월 10일   4쇄 발행

펴낸이 | 김창영
펴낸곳 | 생명의말씀사

등록 | 1962. 1. 10. No.300-1962-1
주소 | 서울시 종로구 경희궁1길 6 (03176)
전화 | 02)738-6555(본사) · 02)3159-7979(영업)
팩스 | 02)739-3824(본사) · 080-022-8585(영업)

기획편집 | 구자섭, 김정주
디자인 | 송민재
인쇄 | 주손디앤피
제본 | 주손디앤피

ISBN 978-89-04-16470-7 (03230)

저작권자의 허락없이 이 책의 일부 또는 전체를
무단 복제, 전재, 발췌하면 저작권법에 의해 처벌을 받습니다.

앤드류 머리

완전한 순종

Absolute Surrender

윤종애 옮김

생명의 말씀사

Contents

Part 1 하나님께 완전히 굴복하라
Surrender

Chapter 1 | 하나님께 절대적으로 항복하라 _9

하나님은 완전한 항복을 기대하신다 | 하나님은 완전한 항복을 이루신다 | 하나님은 완전한 항복을 받으신다 | 하나님은 완전한 항복을 유지시켜 주신다 | 하나님은 우리의 완전한 항복을 축복하신다

Chapter 2 | 성령님의 뜻에 엎드리라 _30

하나님은 사랑이시다 | 인간은 사랑을 필요로 한다 | 사랑은 이기심을 정복한다 | 사랑은 하나님의 선물이다 | 사랑은 하나님의 능력을 드러낸다 | 그리스도인은 사랑으로 일한다 | 사랑은 남을 위해 기도하게 한다

Chapter 3 | 나를 부르시는 하나님의 뜻에
전적으로 복종하라 _57

Part 2 하나님께 전적으로 자신을 맡겨라
Trust

Chapter 4 | 슬피 울며 자기를 부인하라 _77

예수님께 순종한 제자 베드로 | 자기 자신에게 얽매인 베드로 | 회개한 베드로 | 성령으로 변화된 베드로

Chapter 5 ㅣ 자신의 무가치함을 철저히 인정하라 _91
사람은 할 수 없다 ㅣ 하나님은 하실 수 있다 ㅣ 하나님이 우리 안에서 역사하신다

Chapter 6 ㅣ 죄로부터 과감히 떠나라 _108
중생한 사람 ㅣ 무력한 사람 ㅣ 곤고한 사람 ㅣ 완전한 자유의 가장자리에 있는 사람

Part 3 하나님을 온전히 좇으라
F o l l o w

Chapter 7 ㅣ 성령님의 능력에 전적으로 기대라 _125
성령을 받음 ㅣ 성령을 무시함 ㅣ 성령의 열매를 맺지 못함 ㅣ 성령께 복종함

Chapter 8 ㅣ 하나님의 보호하심을 입어라 _142
하나님의 능력으로 보호받음 ㅣ 믿음으로 보호받음 ㅣ 의지하는 것이 믿음이다 ㅣ 믿음에는 사귐이 필요하다

Chapter 9 ㅣ 주님께 붙잡힌 바 되라 _167
주님의 일꾼들에게 드리는 글 ㅣ 절대 의존 ㅣ 진심으로 맡김 ㅣ 많은 열매를 맺음 ㅣ 친숙한 교제 ㅣ 절대 순종

Part
1

하나님께
완전히 굴복하라
S u r r e n d e r

Absolute
Surrender

Chapter 1

하나님께 절대적으로 항복하라

"아람의 벤하닷 왕이 그의 군대를 다 모으니 왕 삼십이 명이 그와 함께 있고 또 말과 병거들이 있더라 이에 올라가서 사마리아를 에워싸고 그곳을 치며 사자들을 성 안에 있는 이스라엘의 아합 왕에게 보내 이르기를 벤하닷이 그에게 이르되 네 은금은 내 것이요 네 아내들과 네 자녀들의 아름다운 자도 내 것이니라 하매 이스라엘의 왕이 대답하여 말하기를 내 주 왕이여 왕의 말씀같이 나와 내 것은 다 왕의 것이니이다 하였더니"(왕상 20:1-4).

벤하닷은 아합에게 무조건 항복을 요구하였고, 아합은 그 요구대로 무조건 항복을 선언했다.

"내 주 왕이여 왕의 말씀같이 나와 내 것은 다 왕의 것이니이다."

나는 이 고백이 하나님의 자녀가 된 우리가 아버지께 마땅히 드려야 할 완전한 항복의 선언이라고 생각한다.

물론 이 말을 전에도 들었겠지만, 이제 더 확실하게 귀담아 들을 필요가 있다. 하나님께 축복을 받는 비결은 하나님의 손에 모든 것을 전적으로 내어 맡기는 것이다.

하나님을 찬송하라! 만약 우리가 진심으로 그리할 때 하나님께서 내려 주시는 복은 끝이 없을 것이다.

"절대적인 항복!"

나는 이 말을 어디에서 배웠는지 여러분들에게 말하고 싶다.

나는 자주 이 말을 사용한다. 아마 여러분도 이 말을 수없이 들었을 것이다.

한번은 스코틀랜드 어느 모임에서 함께 모여 있던 사람들과 교회의 현 상황에 대해서, 교회와 교인들의 문제점에 대해서 진지한 대화를 나눈 적이 있었다. 그 모임 중에 그리스도의 일꾼들을 훈련하는 일에 경륜이 많았던 어느 경건한 사역자 한 사람이 있었다. 나는 그에게 현재 교회의 당면 과제와 교회에 시급히 전해야 할 메시지가 무엇인지를 질문했다. 그는 매우 조용하게 단순하면서도 단호하게 대답했다.

"하나님께 절대적으로 완전하게 항복하는 것입니다."

그 말은 그 어떤 때보다도 내게 충격적으로 와 닿았다. 그는 그리스도의 일꾼들이 그 점을 분명히 할 때, 좀 느리기는 하지만 하나님 말씀의 가르침과 도움을 간절히 사모하며 영적 진전을 보이게 되었다고 했다. 하지만 분명한 굴복의 태도를 보이지 않는 자들은 뒤로 물러나 결국 믿음의 길에서 떠나 버리고 말더라는 이야기도 덧붙였다.

하나님의 온전한 축복을 얻기 위해서는 절대적인 항복의 태도가 필요하다. 하나님의 은혜를 힘입어 이 말씀을 여러분들에게 꼭 해주고 싶다.

우리가 남을 위하여 혹은 자신을 위하여 하나님의 복을 간구할 때, 하늘에 계신 아버지께서는 먼저 우리에게 이렇게 질문하신다.

"너는 기꺼이 너 자신을 전적으로 내게 맡기겠느냐?"

이 질문에 대한 여러분의 대답은 무엇인가?

아마도 마음속으로 절대적인 항복을 다짐한 사람들은 무수히 많을 것이다. 또한 기꺼이 그렇게 되기를 원하는 사람들도 많을 것이다. 그러나 하나님께서는 아신다. 사람들이 그렇게 말과 생각을 하지만, 실제로는 그것을 행동으로 옮기지는 않는다는 사실을 말이다. 마음으로는 그렇게 생각했을지라도 실제로는 허무하게 실패했던 사람들이 무수히 많다. 그런 삶을 살 수 있는 비결을 찾지 못해서 스스로를 탓하는 사람도 있을 것이다. 이런 모든 사람들에게 하나님께서 깨닫게 해주시기를 간절히 바란다.

그러나 거듭 말하거니와 분명한 것은 하나님께서는 여러분들에게 먼저 절대적인 항복의 태도를 요구하신다.

하나님은 완전한 항복을 기대하신다

우리가 하나님께 절대적으로 항복해야 하는 이유는 하나님의 본성에서 찾을 수 있다. 우리가 항복하지 않는다면 그분은 우리를 위해 아무것도 하실 수 없으시다. 하나님은 어떤 분이신가? 그분은 생명의 원천이시요, 존재와 능력과 모든 선의 근원이시다. 하나님께서 행하신 것이 아니고는 이 우주에 선한 것은 아무것도 없다. 그분은 태양과 달과 별들을 창조하셨고, 꽃과

수목과 풀을 친히 만드셨다.

모든 만물들이 절대적으로 하나님께 순복하고 있지 아니한가? 그 모든 것들은 하나님께서 기쁘신 뜻대로 그들 안에서 역사하시도록 전적으로 내어 드리고 있지 아니한가? 하나님께서 백합꽃을 아름답게 가꾸실 때, 백합꽃은 하나님의 역사에 온전히 항복하고 순종하고 있지 아니한가?

하나님의 구속함을 받은 자녀들이여, 자신의 절반이나 일부만 내어 드리고도 하나님의 역사를 온전히 이루시게 할 수 있다고 생각하는가? 하나님은 결코 그러실 수 없으시다. 그분은 생명이요, 사랑이요, 복과 능력이며, 무한히 아름다우신 분이다. 또한 하나님께서는 자신을 받아들일 준비가 되어 있는 모든 자녀들과 교통하는 것을 기뻐하신다. 그러나 절대적인 항복을 하지 않는다면 그것은 하나님을 가로막는 일이 된다. 하나님은 지금 오셔서 하나님으로서 우리에게 전적인 순복을 요구하신다.

여러분들은 매일의 생활에서 무엇이 절대적인 항복인지 잘 알고 있다. 모든 것은 본래 주어진 특별한 목적이 있다. 나의 양복 윗주머니에는 만년필이 늘 꽂혀 있다. 만년필은 글씨를 쓰는 단 한 가지 일에 전적으로 바쳐진 물건이다. 내가 글씨를 바로 쓰려면 만년필이 내 손에 온전히 쥐어져 있어야 한다. 다른 사람과 함께 쥐고 있으면 내가 원하는 대로 바로 쓸 수 없다. 내 양복은 온전히 나에게 입혀져 내 몸을 감싸 준다. 예배당은 예배를 위해 온전히 드려진 장소다. 마찬가지로 우리가 온전히 하나님께 드려지지 않으면 중생함으로 받은 우리의 거룩한 속성, 영원한 존재 안에서 매일 매순간 하나님께서 어떻게 역사하실 수 있겠는가?

솔로몬의 성전은 하나님께 온전히 바쳐졌다. 우리 각 사람도 오로지 하나님의 성전으로서 온전히 드려질 때에만 하나님께서 그 안에 거하시고 능력을 나타내실 것이다. 하나님께서는 절대적인 순종을 받기에 합당하시므로 이것을 요구하신다. 그렇지 않고서는 도저히 내 안에서 역사하실 수 없다. 하나님께서는 절대적인 항복을 요구하실 뿐 아니라 친히 그렇게 되도록 역사하신다.

하나님은 완전한 항복을 이루신다

속으로 이런 말을 하는 사람이 적지 않을 것이다.

'그렇지만 절대적인 항복은 너무 벅찹니다.'

'얼마나 많은 시련과 고난을 겪었는지 모릅니다. 그런데도

여전히 옛사람의 생활이 남아 있습니다. 전부를 바치라고요? 그러면 너무 힘들고 괴로울 거예요.'

안타까운 일이다. 하나님의 자녀들이 하나님을 그렇게 잔혹한 분으로 생각하고 있다니 말이다. 두려워하는 사람들에게 한마디 이야기를 하고 싶다. 하나님께서는 여러분의 힘과 의지로 자기 부인을 하라고 하시는 것이 아니다. 하나님께서는 친히 여러분 속에서 그 일을 하신다.

"너희 안에서 행하시는 이는 하나님이시니 자기의 기쁘신 뜻을 위하여 너희에게 소원을 두고 행하게 하시나니"(빌 2:13).

이 말씀을 기억하는가? 우리가 구할 것은 바로 이것이다. 하나님께 구하기만 하면 영존하시는 하나님께서 우리 마음속에 오셔서 잘못된 것을 쫓아내시며 약한 것을 깨뜨리시며, 하나님 보시기에 만족한 일을 친히 이루어 주신다. 이렇게 하나님께서 친히 절대적이고 온전한 자기 부인을 할 수 있게 해주신다.

구약의 인물인 아브라함을 살펴보자. 하나님께서 아브라함을 발견하신 것이 우연일까? 그의 신앙과 순종과 헌신이 하나님과 무관하게 아브라함 스스로 한 것일까? 결코 아니다. 하나님께서 그를 들어서 하나님의 영광의 도구로 준비시키셨다. 바로에게도 "내가 너를 세웠음은 나의 능력을 네게 보이고 내 이름이 온 천하에 전파되게 하려 하였음이니라"(출 9:16)고 하시지 않았는가?

바로에게도 그렇게 말씀하셨거늘 하물며 하나님의 자녀들에게 어찌 그렇게 말씀하지 않으시겠는가?

온갖 두려움을 내던져 버리기를 간절히 바란다.

"저의 소원은 그리 강하지 못합니다. 닥쳐올 모든 일이 주저됩니다. 모든 것을 넉넉히 정복하리라고 장담할 수 없습니다."

두려움이 있을지라도 이렇게 고백하며, 연약한 소원을 붙잡고 하나님께 나아가라.

"하나님, 주께서 저에게 소원을 두고 행하게 하시옵소서."라고 간구하라. 뭔가 주저하게 하는 것이 있고, 버리기 힘든 것이 있다면, 지금 바로 하나님께 나아오라. 하나님께서 얼마나 은혜로우신 분인지를 생각하고, 그분이 우리에게 주시지 않은 것은 요구하지 않으신다는 것을 믿으라.

하나님께서는 친히 여러분 속에 절대적인 자기 부인이 이루어지게 하신다. 여러분의 마음속에 있는 모든 갈망과 간구, 소원은 마치 영적 자석과 같이 끌어당기는, 예수 그리스도께서 주시는 거룩한 힘이다. 그분은 절대 순종의 삶을 사셨다. 그분은 여러분들을 소유하고 계시며, 성령으로 여러분들의 마음속에 살아 계신다.

우리는 예수님을 정말로 심각하게 거스른 자들이다. 그럼에도 불구하고 그분은 여전히 우리가 자신을 온전히 붙잡도록 도와주신다. 지금도 오셔서 우리를 그분의 말씀으로 이끄신다. 이제 하나님께서 우리 안에 완전한 순종을 이루시도록 믿고 그분께 우리를 내어 맡기지 않겠는가? 하나님께 찬송을 돌리자. 하나님은 그 일을 하실 수 있으시며 또한 이루실 것이다.

하나님은 우리에게 완전한 순종을 요구하신다. 뿐만 아니라 우리 자신을 온전히 내어 맡길 때 기쁘게 받아 주신다.

하나님은 완전한 항복을 받으신다

하나님은 이 일을 우리의 마음속에서 은밀하게 행하신다. 하나님은 성령의 은밀한 능력으로 우리를 그분께 나아오게 하시며, 우리 자신을 온전히 바칠 수 있게 하신다. 그런데 온전히 맡긴다는 것은 우리가 보고 생각하기에는 도무지 불완전한 것이어서, 우리는 의심하고 주저하면서 자문하게 된다.

"정말 이것이 온전히 내어 맡긴 것일까?"

예수님이 귀신 들린 사람에게 이렇게 말씀하신 적이 있다.

"믿는 자에게는 능히 하지 못할 일이 없느니라."

그러자 그 사람이 두려워하며 소리쳤다.

"내가 믿나이다 나의 믿음 없는 것을 도와주소서"(막 9:14-29).

그때 귀신은 쫓겨났다. 그것이 귀신을 물리친 믿음이었다. 비록 떨리는 마음으로 '나는 능력도, 결심도, 확신도 부족해.'라는 생각으로 나아오더라도 "주님, 저를 송두리째 바칩니다."라고 고백한다면, 하나님께서 받으실 것이다.

두려워 말고 있는 모습 그대로 나오기만 하라. 당신이 떨고 있을 때 성령의 능력은 역사하실 것이다.

사람 편에서는 모든 것이 연약해 보일지라도 성령은 강력한 힘으로 역사하신다는 교훈을 아직도 배우지 못했는가?

겟세마네 동산의 예수님을 바라보자. 그분은 '영원하신 성령을 통해' 자신을 하나님께 제물로 드렸다. 전능하신 하나님의 영이 그 일을 가능하게 해주셨다. 그런데도 얼마나 번민하시고 두려워하시고 슬픔에 짓눌리셨으며 또 얼마나 간절히 기도하셨는가? 겉으로 보기에는 성령의 강한 힘의 흔적을 볼 수 없다. 그러나 하나님의 영이 예수님과 함께 계셨다. 그러므로 연약하고 갈등하며 떨리는 가운데서도 성령의 은밀한 역사를 힘입어 두려움을 버리고 자신을 온전히 내어 맡기라.

이렇게 자신을 온전히 내어 맡길 때 하나님께서 받으실 줄 믿으라. 이것은 중요한 문제다. 많은 경우에 그런 신앙이 결여되어 있다. 성도는 이런 순종으로써 하나님께 사로잡힌 바 되어야 한다. 당신이 하나님께 붙잡힌 바 되기를 기도한다. 우리는 모두 도움받기를 원한다. 그래서 매일의 생활에서 하나님이 우리에게 더 생생하게 나타나시고, 적절한 자리를 취하시며, 우리의 '모든 것'이 되시기를 원한다. 우리의 평생이 이렇게 되려면 우리 자신에게서 돌이켜 하나님만을 바라보아야 한다.

우리 모두 이렇게 고백하며 나아가자.

"보잘것없는 한 마리 벌레와 같고, 실패와 죄와 두려움으로 가득 차 떨고 있는 하나님의 자녀인 제가 하나님 앞에 엎드립니다. 어떻게 제 마음을 설명해야 할지 모르겠습니다. 다만 이 말씀을 주님께 드립니다. 하나님이시여, 주님의 말씀을 받아들이오니 주께서 주시기로 약속하신 은혜를 주시옵소서. 완전한 순종을 주님께 드리나이다."

우리가 깊은 침묵 가운데서 이렇게 말씀드릴 때, 하나님께서는 임재하셔서 우리의 말에 주목하시고, 그분의 책에 그것을 기록하신다. 바로 그 순간, 하나님께서 여러분들을 소유하시게 될 것이다. 비록 이것을 직접 느끼지는 못할지라도 여러분들이 하나님을 신뢰하기만 한다면 하나님은 여러분들을 받으실 것이다.

하나님은 절대적인 자기 부인을 요구하시고 그것을 이루시며, 여러분의 삶을 그분에게 내어 드릴 때 받으실 뿐만 아니라 그 삶을 계속 유지시켜 주신다.

하나님은 완전한 항복을 유지시켜 주신다

사람들은 이렇게 말한다.

"집회나 수련회에서 감동을 받아 하나님께 나를 전적으로 내어 맡긴 적이 몇 번 있었지만, 이젠 사라지고 없답니다. 한 주간이나 한 달쯤 지속되긴 해도 차차 그런 의식이 희미해지면서 끝내는 완전히 사라져 버렸습니다."

왜 그럴까? 그 이유는 이제부터 말하려고 하는 사실을 믿지 못하기 때문이다. 하나님께서 당신 속에서 절대적인 자기 부인의 삶을 이루도록 역사하셨다면, 그 헌신을 받으셨다면 하나님은 계속 하나님께 내어 맡길 수 있는 상태를 지속시켜 주실 것이다. 이것을 믿는가?

이 절대 굴복의 문제에는 두 부분이 있다. 한쪽은 하나님이시고, 또 다른 한쪽은 벌레 같은 나 자신이다. 하나님은 영존하시며 전능하신 여호와이시다. 벌레 같은 사람들이여! 전능하신 하나님께 벌레 같은 우리 자신을 내어 맡기지 않겠는가? 하나님은 기꺼이 받아 주신다. 그리고 계속하여 매일 매순간 그 상태를 유지시켜 주실 것이다.

언제나 주는 날 사랑하사
언제나 새 생명 주시나니.

하나님은 당신 위에 있는 태양을 순간순간 끊임없이 비취게 하신다. 이 하나님께서 자신의 생명을 여러분들에게 매순간 비춰 주시지 않겠는가? 그런데 왜 이것을 경험하지 못할까? 그것은 하나님을 신뢰하지 않기 때문이요, 그러한 신뢰 가운데 자신을 절대적으로 내어 맡기지 않기 때문이다.

절대적인 순복의 삶에는 수많은 어려움이 따른다. 이를 부인하지는 않는다. 하지만 어려움 이상의 무엇이 있다. 그것은 결코 사람들이 줄 수 없는 참된 생명의 삶이다. 오직 하나님의 은혜로, 그분의 능력으로, 우리 속에 내주하시는 성령의 힘으로 누리게 된 생명이다. 얼마나 감사한 일인지 모른다. 하나님께서 이 생명을 우리에게 지속시켜 주실 것이다.

90세의 생일을 맞은 고령의 조지 뮬러가 하나님의 선하심에 대하여 고백한 것을 들은 사람이 있는가? 그는 자신이 하나님의 복을 누린 비결을 두 가지로 설명했다. 하나는 하나님의 은혜로 매일 하나님 앞에서 선한 양심을 지닐 수 있었기 때문이고, 또 하나는 그가 하나님의 말씀을 사랑하였기 때문이라고 하였다. 선한 양심은 매일 하나님께 온전히 순종하고, 하나님의 말씀 안에서 매일 그분과 교제하며 기도하는 것이다. 이것이 바로 완전한 순종의 삶이다.

완전한 순종의 삶은 양면성을 띤다. 하나는 하나님이 기뻐하시는 일에 절대적으로 자신을 내어 맡기는 것이요, 또 하나는 하나님으로 하여금 그분이 원하시는 일을 하시도록 자신을 드리는 것이다.

먼저, 하나님이 기뻐하시는 일을 하는 것이다.

무엇보다 하나님의 뜻에 자신을 온전히 맡겨 보라. 당신은 하나님의 뜻을 전부는 아니더라도 어느 정도 혹은 희미하게라도 알고 있을 것이다. 하지만 주님께 전적으로 아뢰도록 하라.

"주님의 은혜로 매일 매순간 모든 일을 주님의 뜻대로 하기 원합니다."

"주님, 제 혀의 말이 아닌 주님의 영광을 위하여, 제 기분이 아닌 주님의 영광을 위하여, 제 마음의 감정이 아닌 주님의 영광을 위하여, 오로지 주님의 거룩한 뜻을 따르기 원합니다."

어떤 사람은 이렇게 물을 것이다.

"그것이 가능할까요?"

그렇다면 이렇게 묻고 싶다.

"하나님께서 당신에게 무엇을 약속해 주셨으며, 온전히 하나님께 바쳐진 그릇을 어떻게 채워 주실까?"

하나님은 우리가 기대하는 이상으로 은혜 주시기를 기뻐하신다. 하나님이 자기를 사랑하는 자들에게 주시려고 예비하신 것은 우리가 눈으로 보지 못하고 귀로도 듣지 못하고 마음으로도 생각지 못한 것이다(고전 2:9). 하나님은 인간의 상상을 초월하는 복을, 우리가 감히 생각할 수도 없는 엄청난 것을 마련해 두셨다. 하나님의 거룩한 복이다. 따라서 이렇게 고백하자.

"하나님, 저 자신을 온전히 하나님께, 하나님의 뜻에, 하나님이 기뻐하시는 일에 드리나이다."

그리고 다른 한편으로는 이렇게 기도하자.

"저 자신을 온전히 하나님께 드리나이다. 하나님의 선하신 뜻을 이루시옵소서. 하나님이 약속하신 바를 온전히 이루시옵소서."

우리의 완전한 순종을 이루시는 분이 하나님이시다. 살아 계신 하나님은 우리가 이해할 수 없는 방법으로 우리 속에서 역사하신다. 하지만 하나님의 말씀에 계시된 방법으로 역사하신다. 그분은 매일 매순간 우리 속에서 역사하기를 원하신다. 그분은 기꺼이 우리의 생명을 유지시켜 주신다. 따라서 우리는 어린아이처럼 하나님을 온전히 신뢰하며 순종할 뿐이다.

하나님은 우리의 완전한 항복을 축복하신다

이러한 완전한 순종에 하나님은 놀라운 은혜를 내려 주신다.

아합은 자신의 적인 벤하닷에게 뭐라고 말했는가?

"내 주 왕이여, 왕의 말씀같이 나와 내 것은 다 왕의 것이니이다."

우리도 사랑하는 하나님께 그렇게 말하지 않겠는가? 그렇게 말할 때 하나님의 복이 임할 것이다. 하나님은 우리가 세상에서 구별되기를 원하신다. 우리는 하나님을 미워하는 세상에서 나오도록 부름받은 자들이다.

이제 하나님께 나아와 다음과 같이 고백하자.

"주님, 모든 것이 주님의 것이니이다."

이렇게 기도하며 하나님께 아뢰면, 하나님께서 그것을 받아 주시고 그 뜻을 가르쳐 주실 것이다.

거듭 말하거니와 진심으로 하나님의 복을 구할 때, 우리에게 하나님의 복이 임할 것이다. 여러분은 하나님의 복을 위해 기도해 왔다. 그러나 먼저 하나님께 절대적인 자기 부인이 있어야 함을 잊지 말아야 할 것이다.

물을 마실 때 이 사실을 배울 수 있다. 어떻게 물이 잔에 채워지는가? 먼저 잔이 비어 있고, 물을 담을 준비가 되어 있기 때문이다. 만약 잔에 다른 것이 가득 채워져 있다면 어떻게 물을 그 잔에 채우겠는가? 마찬가지로 우리가 하나님께 온전히 바쳐지지 않았다면 어떻게 하나님의 복을 기대할 수 있겠는가? 당연히 하나님은 복을 주실 수가 없다. 우리가 하나님만을 위하여 두렵고 떨리는 마음으로, 그러나 믿는 마음으로 절대 순종을 고백하면 하나님은 놀라운 은혜를 부어 주실 것이다.

"하나님, 주님의 뜻을 따르겠습니다. 저와 저의 모든 것은 다 주님의 것입니다. 오직 주님의 은혜로 저 자신을 주님께 전적으로 내어 드리기 원합니다."

여러분이 소원하는 만큼 강렬하고 명백한 확신을 느끼지 못할지라도 주님 앞에 겸손하게 자신을 낮추라. 그리고 자기 의지로, 자기 노력으로, 고집스럽고 자만하게 성령을 근심케 한 일이 있으면 고백하라. 이를 자백함으로써 주님 앞에 겸손히 마음을 찢으며 엎드리라.

"내 육신에 선한 것이 거하지 아니한다."는 하나님의 말씀을 인정하고, 새로운 생명이 들어와야 된다는 것을 받아들여야 한다. 자신을 부인해야 한다. 매순간 자기를 부인할 때 하나님의 능력을 입게 될 것이다. 그때 비로소 그리스도께서 들어오실 것이며, 당신을 지배하실 것이다.

베드로가 언제 변화되었는가? 베드로가 목 놓아 울 때 변화가 생겼다. 그리고 성령이 오셔서 그의 마음을 채우셨다.

하나님 아버지께서는 우리에게 성령의 능력을 입혀 주기를 원하신다. 우리는 우리 안에 내재하시는 하나님의 성령을 소유한 사람들이다. 이 사실을 고백하며, 하나님을 찬양하며 그 앞에 나아가자. 그리고 성령을 슬프시게 한 죄를 고백하자. 우리 속사람을 성령으로 강건케 하여 주실 것과 그분의 능력으로 채워 주시기를 간구하기 위해 하나님께 무릎을 꿇자. 또한 성령께서 우리에게 그리스도를 계시해 주신 대로 그리스도께서 우리 마음속에 거하시게 하자. 자기 중심적인 삶을 내버리고 하나님 앞에 겸손히 엎드리자. 우리 교회가 처해 있는 상황을 솔직하게 고백하자. 오늘날 우리 교회가 처해 있는 비참함은 이루 형언할 수가 없다.

우리 주위의 그리스도인들을 생각해 보자. 명목상의 교인이나 자칭 신자들은 제쳐 놓고라도, 수많은 그리스도인들이 그들의 생활에서 하나님의 능력이나 하나님의 영광을 나타내지 못하고 있다. 있으나 마나 한 능력과 미약한 경건과 성별되지 못한 삶뿐이다. 하나님의 뜻에 온전히 승복하는 자가 참된 신자라는 사실조차도 자각하고 있지 못하다.

하나님의 백성들의 죄를 함께 고백하고 우리 자신을 겸손히 낮추자. 우리는 이 병약한 몸(교회)의 지체들이다. 이 몸의 병약함이 우리를 방해하고 무너뜨린다. 이것을 극복하려면 서로에 대한 냉담한 태도를 버리고, 세상과 벗이 되었던 우리 자신을 온전히 하나님께 드려야 한다.

얼마나 많은 신자들이 육신의 생각과 인간적인 힘으로 일하고 있는가? 인간의 의지나 힘으로 이루어지는 일들이 얼마나 많은가! 하나님과 성령의 능력을 의지하는 일이 얼마나 무시되고 있는가? 오늘날 우리 교회의 현실과 하나님을 위하여 행한다는 우리의 사역이 얼마나 미약하며, 허물과 죄가 많은지를 돌아보도록 하자. 자신의 능력으로 살지 않기를 간절히 바라는 자가 누구인가? 그 힘이 옛사람에게서 나오는 것임을 깨닫는 자가 누구인가? 그리스도의 발아래 모든 것을 기꺼이 바치려는 자가 누구인가? 여기에 구원이 있다.

한때 열렬한 신자였던 어떤 사람의 이야기를 들은 적이 있다. 그는 분리됨과 죽음을 '끔찍한' 기억이었다고 말했다. 여러분은 그렇게 생각하지 않는가? 우리는 세상으로부터 분리되어 있는 듯한 고립감과 죽음을 어떻게 생각해야 되는가? 예수님에게는 죽음이 그리스도를 위한 영광으로 가는 길이었다. 자기 앞의 즐거움을 위하여 십자가의 고통을 참으셨다. 십자가는 주님의 영원한 영광의 소산지였다. 그리스도를 사랑하는가? 예수 그리스도 안에 있기를 갈망하면서도 그와 같이 되기는 싫은가?

죽음을 지상에서 가장 바람직한 것으로 여겨 보라. 그것은 자아에 대하여 죽고, 그리스도와의 교통이 이루어지는 것이다. 세상에서 분리되어 온전히 해방되는 일이 어렵게 여겨지는가? 세상에서 분리됨으로 하나님과 연합될 것이다. 세상에서 구별됨으로 매일 하나님과 동거하며 동행하게 될 것이다. 이렇게 말하는 것이 마땅하다.

"무엇이든지 나를 분리됨과 죽음으로 이끄는 것은, 하나님과 그리스도와의 온전한 교통을 누리는 삶으로 이끄는 것이다."

예수님의 발 앞에 나아가, 육신을 좇던 삶을 버리도록 하라. 모든 것을 이해하려고 노력하는 자신을 걱정하지 말기 바란다. 오직 죽으시고 부활하신 능력으로 그리스도께서 내 속에 들어오사 내재하여 주심을 생생히 믿으라. 그러면 성령님의 도움으로 십자가에 못 박히시고, 다시 살아나시며, 영광 중에 살아 계시는 예수 그리스도께서 여러분들의 마음속에 생생하게 거하실 것이다.

Chapter 2

성령님의 뜻에 엎드리라

"오직 성령의 열매는 사랑과 희락과 화평과 오래 참음과 자비와 양선과 충성과 온유와 절제니 이 같은 것을 금지할 법이 없느니라"(갈 5:22-23).

성령으로 충만한 삶은 어떤 것일까? 우리의 일상생활과 행동에서 이러한 삶은 어떻게 구현될까? 구약에서는 성령이 사람에게 임하실 때, 종종 하나님의 비밀을 나타내는 계시의 영으로 임하기도 하고, 하나님의 일을 행하시는 능력의 영으로도 나타난다. 그러나 성령이 그들 속에 거하시는 것은 아니다. 지금도 구약의 능력의 은사를 받아 무슨 일을 이루려는 사람은 많지만, 우리의 삶을 생동력 있게 하시고 새롭게 하시는 성령의 내재하시는 신약의 은사에 대해서는 잘 모르는 것 같다.

하나님께서 성령을 주신 큰 목적은 하나님의 거룩한 성품을 갖도록 하려는 것이다. 하나님께서 선물로 주신 것은 거룩한 마음과 영적 기질이다. 따라서 무엇보다도 이렇게 고백해야 한다.

"내가 진정 하나님의 영광을 위해 살려면, 나의 모든 내적 생명을 거룩하게 하시는 성령이 필요합니다."

그리스도께서 제자들에게 성령을 약속하신 것은 그들이 권능을 입어 증인이 되게 하려 하심이 아니었느냐고 물을 사람이 있을 것이다. 그렇다. 그러나 그들이 성령을 받았을 때, 참으로 신령한 능력을 입어 온전히 성령에게 사로잡혀 그 일을 능력 있게 하기에 적합한 거룩한 사람들로 세워졌다는 점이 중요하다. 그리스도께서 제자들에게 권능을 받을 것을 말씀하신 것은 사실이지만, 그것은 어디까지나 그들의 전인격이 성령으로 충만하여 그러한 능력이 나타나게 된 것이다.

"성령의 열매는 사랑이라."는 갈라디아서 5장 22절의 말씀을 곰곰이 생각해 보자.

"사랑은 율법의 완성이라."는 말씀이 있다. 사랑이 성령의 열매라는 점을 두 가지로 설명하고자 한다. 하나는 이 말씀이 우리 마음속의 탐조등이 된다는 점이고, 다른 하나는 성령에 대한 우리의 생각이 어떠한지, 신령한 생활을 한다는 것이 도대체 무엇을 의미하는지를 점검하는 일종의 테스트가 된다는 점이다.

"성령의 열매는 사랑이라."

나 자신은 참으로 사랑의 영이신 성령으로 충만하기를 날마다 갈망하고 있는가?

성령으로 충만할수록 더욱 사랑으로 충만해져 가는가? 성령을 말하려면 먼저 이 점이 분명하게 확립되어야 한다. 성령은 진정 우리에게 사랑의 신으로 임하신다.

오늘날의 교회가 정말로 이러하였다면, 지금 교회의 상황은 크게 달라졌을 것이다. 성령의 열매는 사랑으로 구체적으로 드러난다. 성령이 우리의 생활을 온전히 주장할 때, 우리의 마음은 참되고 거룩한 우주적인 사랑으로 충만하게 된다는 단순한 하늘의 진리를 붙잡을 수 있게 되기를 진정으로 바란다.

하나님께서 교회에 복을 내리실 수 없는 한 가지 이유는 그곳에 사랑이 없기 때문이다. 몸이 쪼개지면 힘이 있을 수 없다. 과거 네덜란드에서 일어났던 종교전쟁 당시에 네덜란드가 스페

인에게 끝까지 버틸 수 있었던 것은 연합이었다. 그들의 구호 중 하나는 "힘은 연합에서"라는 것이었다. 하나님의 백성이 한 몸으로 서 있을 때, 하나님 앞에서 사랑의 교제를 통해 한 몸을 이루었을 때, 피차 깊은 사랑을 품을 때, 세상이 볼 수 있는 사랑 안에 거할 때, 바로 그때만이 하나님께 간구한 축복을 누릴 수 있다.

어떤 그릇이 온전한 그릇으로 있어야 하는데, 여러 조각으로 깨져 버린다면 아무것도 담을 수 없게 된다. 혹 깨진 조각 하나에다 소량의 물을 담을 수는 있겠지만 그 그릇에 물을 가득 담으려면 반드시 성한 그릇이어야 한다.

주님의 교회도 마찬가지다. 우리는 이렇게 간구해야 한다.

"주님, 저희를 성령의 능력으로 용해시켜 하나가 되게 해주소서. 오순절에 모든 믿는 자들을 한마음 한뜻 되게 하셨던 성령께서 저희 가운데 주님의 역사하심을 나타내소서."

하나님을 찬양하자. 성령의 열매는 사랑이기에 우리는 하나님의 거룩한 사랑 안에서 서로 사랑할 수 있는 존재들이다. 이제 하나님의 사랑에 우리 자신을 굴복시키자. 그러면 성령께서 우리에게 임하실 것이다. 성령을 받으면, 성령께서 더욱더 사랑하도록 가르치실 것이다.

하나님은 사랑이시다

어째서 성령의 열매는 사랑일까? 하나님은 사랑이시기 때문이다.

자신을 다른 이들과 소통하기를 기뻐하시는 것이 하나님의 속성이요, 본질이다. 하나님은 이기심이 없으시고, 독점욕이 없으시다. 그분의 성품은 언제나 주는 것을 기뻐하신다. 태양과 달과 별, 모든 꽃들과 공중의 모든 새와 바다의 모든 고기들에게서 우리는 그것을 볼 수 있다. 하나님은 모든 창조물에게 생명을 주신다.

그분의 보좌에 둘러선 천사들과 휘황한 불꽃인 스랍과 그룹들은 그 모든 영광을 어디서 입었을까? 하나님은 오직 사랑이시기 때문에, 모두에게 자신의 빛과 복을 베풀어 주셨던 것이다. 그리고 하나님이 구속하신 자녀들인 우리에게도 기꺼이 그 사랑을 쏟아 부어 주신다. 왜일까? 이미 말했듯이 하나님은 독점욕이 없으시다. 영원부터 하나님은 독생자와 함께 계시면서 모든 것을 그분에게 주셨고, 주시지 않은 것이 아무것도 없다. 진실로 "하나님은 사랑이시다."

초대 교회의 한 교부는 삼위 하나님의 사랑의 계시만큼 삼위일체를 이해하기에 좋은 것이 없다고 하였다. 성부 하나님은 사랑을 주시는 사랑의 원천이요, 성자 하나님은 성부의 사랑을 받는 사랑의 저장소로서 그 안에 사랑이 부어졌으며, 성령 하나님은 살아 역사하시는 사랑으로서 성부와 성자를 연합시키고 이 세상에 사랑이 충만케 하신다. 오순절의 영과 성부의 영과 성자의 영은 모두 사랑이시다. 그러기에 성령이 우리들에게 임하실 때, 그분은 이미 하나님과 똑같은 사랑의 신이 아니겠는가? 성령의 본질은 변하지 않는다. 하나님의 영은 사랑이요, "성령의 열매도 사랑"이다.

인간은 사랑을 필요로 한다

왜 그럴까? 사랑은 인간에게 꼭 필요한 것이었으며, 그리스도의 구속은 이 세상에 바로 사랑을 회복하는 일이었다.

왜 인간이 범죄하게 되었을까? 자기 중심적인 생각이 작용했기 때문이었다. 그는 하나님 대신에 자기 자신을 선택했다. 아담은 범죄하자마자 여자가 자기를 꾀었다고 즉시 책임을 전가시켰다. 하나님에 대한 사랑이 사라지자 사람에 대한 사랑도 잃고 만 것이다. 아담의 두 아들 중 하나가 자신의 동생을 살인하는 끔찍한 모습을 보라.

이것이 바로 죄가 세상에서 사랑을 빼앗아 가 버린 모습이다. 이 세상의 역사는 사랑의 상실을 말해 줄 뿐이다. 물론 이방인에게서도 아름다운 사랑의 실례가 없었던 것은 아니다. 그러나 그것은 단지 상실된 사랑의 찌꺼기일 뿐이다. 죄가 사람에게 끼친 최악의 결과는 인간을 이기적으로 만든 것이다. 이기적인 마음은 결코 사랑할 수 없다.

주 예수 그리스도께서는 하나님의 사랑의 아들로서 하늘에서 내려오셨다.

"하나님이 세상을 이처럼 사랑하사 독생자를 주셨으니"(요 3:16).

그분은 이 세상에 참된 사랑이 무엇인지를 보여 주려고 오셨다. 그분은 제자들과 교제하시고, 가난한 자와 비참한 자들을 불쌍히 여기시며, 원수들에게마저 사랑을 나타내시는 사랑의 생애를 사셨다. 그리고 사랑의 죽음을 감당하셨다. 그분이 승천하시자 누구를 보내셨는가? 사랑의 성령을 보내셨다. 그 사랑의 성령은 이기심과 시기심, 교만을 물리치시고 하나님의 사랑을 사람들의 마음속에 가져다 주셨다.

"성령의 열매는 사랑"이다.

그리고 성령의 약속을 위해 무엇이 준비되었는가? 여러분도 알다시피 요한복음 14장에서 그 약속을 볼 수 있다. 그런데 앞서 13장에서는 무슨 말씀을 하셨는가? 주께서는 성령을 약속하시기 전에 새 계명을 주셨다. 그리고 이 새 계명에 관하여 특별한 사실들을 말씀하셨다. 그중 하나가 "내가 너희를 사랑한 것같이 너희도 서로 사랑하라"(요 13:34)이다.

이제 제자들의 행위와 교제의 법칙은 오직 주님의 십자가의 사랑이다. 자만심과 이기심으로 꽉 찬 어부들에게 그 이상의 교훈이 있을 수 없다.

"내가 너희를 사랑한 것같이 너희도 서로 사랑하기를 배우라."고 말씀하셨다. 하나님의 은혜로 그들도 서로 사랑할 수 있었다. 그리스도께서 이를 가능케 해주신 것이다.

지금도 주님께서는 우리에게 사랑 가운데 거하고 사랑 가운데 행하라고 하신다. 나를 미워하는 원수들도 사랑하라고 하신다. 참된 사랑은 하늘과 땅의 어떤 것에도 정복당할 수 없다. 증오가 심할수록 사랑은 이를 뚫고 당당하게 그 참모습을 드러낸다. 그리스도께서는 제자들에게 이런 사랑을 당당하게 행하라고 하신다.

또 무슨 말씀을 하셨는가?

"너희가 서로 사랑하면 이로써 모든 사람이 너희가 내 제자인 줄 알리라"(요 13:35).

배지를 다는 이유는 무엇인가? 사실 그리스도께서는 제자들에게 이렇게 말씀하신 것이다.

"내가 배지를 한 개씩 줄 터인데, 그건 사랑이라는 배지다. 그것은 너희가 지닐 나의 표식이다. 모든 사람이 나를 알게 하는 것은 하늘과 땅에서 오직 이것뿐이다."

그런데 사랑이 이 땅에서 사라져 버린 것은 아닌지 심히 염려가 된다. 만일 세상을 향하여 "우리가 사랑의 배지를 달고 있는 것을 보셨습니까?"라고 묻는다면 "아니오, 보지 못했습니다. 오늘날 교회에 대해서 들어 보니, 분쟁과 다툼으로 온통 가득 차 있다고 하더군요."라고 대답하지 않을지 걱정된다.

이제 마음을 같이하여 예수님의 사랑의 배지를 달게 해 달라고 간구해야 하지 않을까? 하나님께서는 이를 가능케 하실 것이다.

사랑은 이기심을 정복한다

"성령의 열매는 사랑입니다."

어째서 그런가? 우리의 이기심을 쫓아내고 정복할 수 있는 것은 사랑밖에 없기 때문이다.

이기심이라는 것은 엄청난 저주다. 하나님과의 관계에서나, 일반 사람들과의 관계에서나, 동료 그리스도인들과의 관계에서나, 자기만 알고 자기 이익만을 추구해 가는 자세다. 이기심은 크나큰 저주다. 그러나 하나님을 찬양하라. 그리스도께서는 우리를 이기심에서 구원하시기 위해 오셨다. 때로 우리는 자기중심적인 이기적인 생활에서 구원받는 것에 대해 말도 하고, 하나님께 감사하기도 한다. 그러나 자기 중심적인 생활에서 구원받는다는 것이, 단순히 하나님을 섬기는 데 더 이상 아무런 문제없이 살아가는 것이라고 생각하지는 않을지 걱정이 된다. 우리는 종종 우리의 구원이 온종일 모든 사람에게 사랑을 쏟아 부어 주는 그릇이 된다는 것을 의미한다는 사실을 잊고 산다.

그러기에 성령의 능력을 구하는 사람은 많아도, 받는 사람은 적은 것이다. 그들은 어떤 일이나 축복을 위해서는 능력을 간구하면서도, 자신에게서 온전히 벗어날 힘을 간구하지는 않는다. 자기 중심이란 하나님 앞에서 자신의 의로움을 나타내고 사람에게는 사랑을 베풀 줄 모르는 태도다. 그런데 이제 자신에게서 벗어날 길이 있다. "성령의 열매는 사랑"이다. 그리스도께서 우리의 마음을 사랑으로 충만케 해주시겠다는 놀라운 약속이다.

우리들 대부분은 때때로 사랑해 보려고 열심히 노력한다. 억지로라도 사랑하려고 한다. 그것이 꼭 잘못이라고 말하지는 않겠다. 전혀 사랑하지 않는 것보다는 낫기 때문이다. 그러나 결과는 항상 슬픔뿐이다. 그런 사람은 "전 자꾸만 실패합니다."라고 고백하기 마련이다.

도대체 무슨 이유 때문일까? 간단하다. 그것은 성령이 그들의 마음속에 하나님의 사랑을 부어 주실 수 있다는 사실을 깨닫지 못하고, 또한 그것을 믿지 못하기 때문이다.

"우리에게 주신 성령으로 말미암아 하나님의 사랑이 우리 마음에 부은 바 됨이니"(롬 5:5).

우리는 이 말씀을 잘못 제한시켜 왔다.

이 말씀은 종종 나에 대한 하나님의 사랑을 의미한다고 이해했다. 그러나 이 얼마나 제한적인 이해인가! 그것은 단지 시작에 불과하다. 하나님의 사랑은 충만히, 완전히 그리고 언제나 우리 속에 내주하는 능력이 된다. 하나님의 사랑이 내게 임하면 자동적으로 하나님을 사랑하게 되며, 이웃을 사랑하게 된다. 나를 향한 하나님의 사랑, 하나님을 향한 나의 사랑, 사람들에 대한 나의 사랑, 이 셋은 하나이며 분리될 수 없다.

하나님의 사랑이 우리 속에 부어지면 우리도 언제나 사랑할 수 있게 된다는 것을 믿어야 한다.

여러분 중에는 "지금까지 이 진리를 조금도 깨닫지 못했구나!"라고 말할 사람이 있을 것이다.

어린 양은 어째서 언제나 유순할까? 어린 양이 유순하게 되는 데 힘이 들까? 아니다. 본성이 순하기 때문에 조금도 힘들지 않다. 순하게 되는 공부라도 했을까? 아니다. 그럼 어째서 그렇게 순할까? 바로 그것이 천성이다.

늑대를 보자. 늑대가 사납게 되는 데는 아무 힘도 들지 않고, 날카로운 이빨로 힘없는 양을 잡아먹는 데도 아무런 문제가 없다. 왜 그럴까? 본성이 그렇기 때문이다. 특별히 용기를 내서가 아니라 늑대의 타고난 본성 때문이다.

그럼 우리는 어떻게 사랑할 수 있을까? 하나님의 성령이 나의 마음을 하나님의 사랑으로 채워 주셔야 비로소 사랑할 수 있게 된다. 이전에 자신의 안위와 기쁨과 행복, 쾌락을 위해 이기적으로 원하던 것과는 달리 하나님의 사랑을 사모하게 될 때, 스스로 하나님이 사랑이심을 깨달아 인정하게 될 때, 그래서 그것이 내주하는 능력으로서 자기를 부인하게 할 때, 하나님과 그리스도와 같이 되는 것을 영화롭게 여기고 복스럽게 여겨 남을 위하여 자신의 모든 것을 포기할 때, 비로소 사랑할 수 있게 되는 것이다. 천성이 되는 것이다.

이것을 터득하기 바란다. 성령이 하나님의 복된 사랑으로 우리의 마음을 채워 주시기 바란다. "성령의 열매는 사랑"이다.

사랑은 하나님의 선물이다

어째서 그래야만 할까? 다시 말하거니와 그렇지 않고서는 매일 사랑으로 살 수 없기 때문이다.

우리가 성별된 삶에 대해 말할 때, 종종 걸핏하면 화를 내는 성질에 대해 말하게 될 때가 많다. 사람들은 때때로 이렇게 말한다.

"당신은 너무 성질이 급해."

그렇지만 나는 그것을 지나치게 신경 쓸 필요가 없다고 생각한다. 잠깐 시계를 생각해 보자. 시계바늘은 지금 시계 속 상태가 어떤지를 나타낸다. 시계바늘이 서거나 잘못 가리키거나, 느리거나 빠르면 시계에 무슨 고장이 생긴 것이다. 욱하는 사람의 기질도 바로 그 사람의 속마음을 드러내는 것이다. 그래서 그리스도의 사랑이 그 마음을 채우고 있는지 아닌지를 증명해 보인다. 교회에서, 기도회에서, 그 외의 공개적인 장소에서는 거룩하고 기쁨에 차 있는 듯 보이지만, 일상생활에서 아내나 자녀들이나 혹은 부하 직원들에게는 그렇게 하지 못하는 사람이 허다하다. 집 밖에서는 거룩하고 기쁨이 넘치는 생활을 하기가 쉽지만, 집안에서는 그렇지 못한 것이다.

하나님의 사랑은 어디에 있는가? 그리스도 안에 있다. 하나님께서는 그리스도 안에서 놀라운 구속을 예비해 놓으시고 우리 안에 초자연적인 능력을 입혀 주기 원하신다.

우리는 어떤가? 이를 사모하여 간구하며 온전히 기대하는가?

또한 혀의 문제가 있다. 보다 나은, 보다 훌륭한 생애를 살려면 혀를 조심해야 한다. 그러나 혀를 마음대로 놀리는 신자들이 너무나도 많다.

"내 멋대로 생각하고 말할 권리가 내게 있다."

서로 이야기할 때나 이웃에 대하여, 다른 신자들에 관하여 말할 때, 우리는 날카로운 비평을 하곤 한다. 아무튼 사랑으로 하지 않는 말은 조심하기 바란다. 사랑의 마음에서 우러나는 것이 아니면 입을 막기 바란다. 한 패가 되어 날카로운 비평을 하고, 입빠른 소리를 내고, 사랑이 없는 말을 하며, 상대방을 은근히

멸시하고 비방하는 신자들이 얼마나 많은지 모른다.

  어머니의 사랑은 자식들의 허물을 덮어 주고, 그들을 기뻐하며, 그들의 잘못을 부드럽게 감싸 준다. 이와 같이 신자라면 누구나 주님 안에 있는 형제자매들에게 이런 어머니의 마음을 품어야 한다. 이런 삶을 기꺼이 살고자 하는가? 이런 삶을 갈구하는가? 이를 위해 하나님께 간구하고 있는가? 예수님께서는 말씀하셨다.

"서로 사랑하라 내가 너희를 사랑한 것같이 너희도 서로 사랑하라"(요 13:34).

이것을 다른 계명 가운데 두지 않으시고, 이렇게 친히 말씀하셨다.

"새 계명을 너희에게 주노니 서로 사랑하라 내가 너희를 사랑한 것같이 너희도 서로 사랑하라"(요 13:34).

성령의 열매가 사랑이라는 사실은 일상생활과 행위로 나타난다. 거기에서 사랑의 구현인 덕과 교양이 비롯된다. 곧 희락과 화평, 오래 참음, 자비, 양선 그리고 하나님과 사람 앞에서의 온유가 나타난다. 이것들은 온유한 덕목이다.

"너희는 하나님이 택하사 거룩하고 사랑받는 자처럼 긍휼과 자비와 겸손과 온유와 오래 참음을 옷 입고"라는 골로새서 말씀(3:12)을, 만약 우리가 썼더라면 열심이나 용기, 근면 같은 남성적 덕목들을 맨 앞에 열거했을지도 모른다. 그런데 자세히 보면 성령과 연관된 덕은 보다 순하고 여성적인 것들임을 보게 된다. 이러한 덕목이야말로 하나님 나라의 덕목이다.

그리스도께서는 우리에게 가르치시기 위해 하늘에서 오셨다. 오래 참음과 자비와 양선은 우리가 추구할 복된 덕목들이요, 하나님 앞에서의 겸손은 우리가 추구해야 할 영광이다. 십자가에 못 박히신 그리스도의 마음에서, 성령이 하늘로부터 가져오신 열매는 무엇보다도 우리 마음에 주시는 사랑이다.

사도 요한은 "어느 때나 하나님을 본 사람이 없으되 만일 우리가 서로 사랑하면 하나님이 우리 안에 거하신다"(요일 4:12)고 말했다.

우리는 하나님을 볼 수 없다. 그러나 그 대신 형제를 볼 수 있다. 그래서 형제를 사랑하면 하나님께서 우리 안에 거하신다. 사실일까? 하나님은 볼 수 없으나 형제를 사랑해야 하며, 이로써 하나님이 우리 속에 거하신다는 것이 사실일까? 형제를 사랑하는 것이 곧 하나님과 실제로 교제하는 길이다.

사도 요한은 계속하여 엄숙히 말했다.

"누구든지 하나님을 사랑하노라 하고 그 형제를 미워하면 이는 거짓말하는 자니 보는 바 그 형제를 사랑하지 아니하는 자는 보지 못하는 바 하나님을 사랑할 수 없느니라"(요일 4:20).

어떤 형제가 있다고 해보자. 아주 보기 싫은 사람이어서 만날 때마다 괴롭히고 성격도 정반대라고 하자. 그리고 당신은 조심성 많은 사업가인데, 사업상 그 사람과 거래가 있다고 하자. 그 사람은 매우 단정치 못하고 지독히 비협조적이다. 당신은 이렇게 말할 것이다.

"난 도무지 그 사람을 좋아할 수가 없어."

그러면 당신은 그리스도께서 무엇보다 먼저 가르쳐 주고자 하신 교훈을 아직 깨닫지 못한 것이다. 그 사람이 어떠하든지 당신은 그를 사랑해야 한다. 사랑은 하루 종일 그리고 매일 성령의 열매여야 한다. 잘 들어 보기 바란다. 보이는 형제를 사랑하지 못하는 자라면, 저 밉살스런 사람을 사랑하지 않으면, 어떻게 보지도 못하는 하나님을 사랑할 수 있겠는가? 단지 하나님을 사랑한다는 그럴 듯한 생각으로 자신을 기만할 뿐이다.

하나님을 사랑한다면 형제에게 사랑을 나타냄으로써 그것을 증명해 보라. 이는 하나님을 사랑하는 여부를 판가름할 한 가지 표준이 된다. 하나님의 사랑이 내 속에 있다면 틀림없이 형제를 사랑할 것이다. 성령의 열매는 사랑이다.

그렇다면 하나님의 성령이 능력 있게 임하시지 않는 이유는 무엇일까? 그것은 불가능할까?

그릇에 비유하여 이야기한 적이 있다. 깨어진 그릇 조각에 소량의 물을 담을 수는 있다. 그렇지만 그릇에 가득히 물을 담으려면 그릇이 깨지지 않아야 한다. 하나님의 백성도 그렇다. 하나님의 자녀들은 어디서 모이든지, 어떤 교회나 단체나 모임에 속해 있든지 서로 깊은 사랑을 나누어야 한다. 그렇지 않으면 성령께서 역사하실 수 없다.

우리는 세속적인 것과 의식주의와 형식과 오류와 무관심이 하나님의 성령을 슬프게 한다고 말한다. 그러나 성령을 가장 슬프시게 하는 것은 무엇보다 사랑의 결핍임을 알아야 한다. 모든 사람은 스스로 이것을 반성하며, 하나님께서 우리의 마음을 살펴 주시기를 간구해야 한다.

사랑은 하나님의 능력을 드러낸다

"성령의 열매가 사랑"임을 왜 잘 알아야 할까? 하나님의 성령이 임하실 때 우리의 일상생활은 그분의 능력을 드러낼 수 있으며, 하나님이 자기 백성을 위하여 무엇을 하실 수 있는지를 나타내실 수 있기 때문이다.

사도행전 2장과 4장을 보면, 제자들이 한마음과 한뜻을 가졌다고 했다. 과거 3년간 주님과 다닐 때는 그러한 정신을 갖지 못했다. 주님의 온갖 말씀으로도 그들을 한마음과 한뜻이 되게 할 수는 없었다.

그런데 성령께서 임하셔서 하나님의 사랑을 그들의 마음속에 부어 주시자 그들은 한마음과 한뜻이 되었다. 제자들의 마음속에 하늘의 사랑을 가져다 주신 성령이 우리들에게도 채워 주셔야 한다. 그 외에는 길이 없다.

그리스도께서 하셨듯이 어느 누가 3년 동안 천사의 말로 사랑을 전했다 하더라도 성령의 능력이 임하여 하늘의 사랑을 그 마음에 심어 주시지 않으면 아무도 사랑할 줄 모를 것이다.

오늘날 대부분의 교회를 생각해 보자. 얼마나 분열되어 있는가! 여러 상이한 몸들을 생각해 보자. 거룩함의 문제라든가, 정결케 하는 피의 문제라든가, 성령 세례의 문제에서 신자들 간에 많은 차이가 생기게 된다. 의견의 차이에 대해 걱정하는 것이 아니다. 누구나 동일한 체질과 성격과 마음을 가지고 있지는 않다. 그렇지만 가장 거룩한 하나님의 진리들로 인해 미움, 경멸, 모욕, 분리, 불신 등이 야기되는 경우가 얼마나 많은가? 교리나 신조가 사랑보다 더 중요한 것이 되고 말았다. 우리는 종종 자기가 진리의 용사라고 생각하면서, 사랑으로 진리를 말하라고 하신 하나님의 명령을 망각하게 된다.

종교개혁 당시 루터교회와 칼빈주의를 따르는 교회 사이도 그랬다. 성만찬은 모든 신자들을 연합시키는 띠였는데, 오히려 그에 관한 비판과 싸움이 가득했다. 그 후 여러 세대를 내려오면서 가장 귀한 하나님의 진리들이 신자들을 분리시키는 산맥이 되고 말았다.

우리가 능력 있는 기도를 하려면, 성령의 능력이 임하기를 바란다면, 참으로 하나님께서 성령을 부어 주시기 원한다면, 하늘의 사랑으로 서로 사랑하겠다는 서약을 하나님께 해야 한다.

그럴 준비가 되어 있는가? 그것만이 진정한 사랑이요, 가장 사랑할 수 없고 무가치하고 견디기 어려운 하나님의 자녀들도 포용할 수 있는 사랑이다. 하나님께 완전히 순종하기로 결심했다면, 당연히 하나님의 사랑이 나를 채워 주시기를 온전히 바라야 한다. 그래서 사랑의 종이 되어 주변의 모든 하나님의 자녀들을 사랑해야 한다.

"성령의 열매는 사랑"이다.

하나님께서 그 우편에 계신 그리스도에게 성령을 주셔서, 성부 하나님의 영원한 사랑 안에서 성령을 보내게 하신 것은 참으로 경이로운 일이다. 그런데 우리는 성령을 연약한 힘으로 격하시켜 그 힘으로 우리의 일을 하려고 했다. 다만 하나님의 용서를 바랄 뿐이다. 오로지 성령께서 하나님과 그리스도의 생명과 품성을 우리에게 충만히 부어 주시는 존귀한 능력의 신으로 높임받으시기 바란다.

그리스도인은 사랑으로 일한다

"성령의 열매는 사랑"이다.

거듭 묻지만, 왜 그럴까? 그리스도인은 무슨 일을 할 때 진정 사랑으로 해야 능력 있게 하기 때문이다.

우리에게 정말 필요한 것은 사랑이다. 믿는 자들끼리 사랑으로 연합할 뿐 아니라 주위의 불신자를 위하여 일할 때도 하나님의 사랑이 있어야 한다. 믿는 사람들도 일할 때 보통 사람들처럼 박애정신이나 인류애로 할 때가 많다. 또는 목사나 교인들의 권유로 교회 일을 시작하기도 한다. 그러나 참된 사랑의 세례에 기초하지 않고 단순히 인간적인 열심으로만 일하는 경우가 얼마나 많은가?

"불 세례가 무엇이냐?"고들 묻는다.

벌써 여러 번 대답했는데 하나님의 불, 즉 갈보리의 희생제물을 태우신 그 영원한 사랑의 불과 같은 것은 없다. 오늘날의 교회는 이런 사랑의 세례가 필요하다. 이것을 가지려면 당장 하나님 앞에 꿇어 엎드려 자복의 기도를 드려야 한다.

"주님, 하늘의 사랑을 저의 마음속에 부어 주옵소서. 자신을 버려 영원한 사랑에 머무시고 그 영원한 사랑으로 충만하신 주님처럼 살 수 있기를 진심으로 원합니다."

참으로 하나님의 사랑이 우리 마음속에 있다면 많은 변화가 일어날 것이다. 세상에는 다음과 같이 말하는 신자들이 많다.

"나는 그리스도를 위해 일하고 있고, 더 열심히 일할 수 있을 것 같은데 은사가 없습니다. 어디서부터 어떻게 시작할지, 내가 무엇을 할 수 있을지 모르겠습니다."

형제자매들이여, 이제 사랑의 성령으로 세례를 받아, 그 사랑이 나타나게 되기를 기도하라. 사랑은 모든 난관을 태워 버릴 수 있는 불이다. 수줍어하고 주저하며 말을 잘 못하는 성격의 소유자일지라도 사랑은 이 모든 것을 극복할 수 있다. 하나님은 우리를 사랑으로 채워 주신다. 우리는 무슨 일을 하든지 사랑이 필요하다.

감동적인 사랑의 일화는 많이 듣고 감탄도 했을 것이다. 내가 얼마 전에 들은 이야기다.

불쌍한 여자들이 모여 있는 어떤 갱생원에서 한 여자가 연설을 하게 되었다. 그 연사는 그곳에 도착하여 여자 감독과 함께 창밖을 내다보았다. 그때 바깥에 비참한 모습을 한 여자가 앉아 있는 것이 보였다.

"웬 여자입니까?"

여자 감독은 대답했다.

"집 안에 삼사십 번이나 들여 놓았지만 번번이 나가 버려 하는 수 없이 내버려두었더니 저 지경이 되고 말았습니다."

연사는 단호하게 말했다.

"저 여자도 들어와야 합니다."

그러자 여자 감독이 말했다.

"우리는 여태껏 당신이 오기를 기다렸습니다. 청중이 다 모여 있으니, 한 시간 안에 말씀을 해주셔야만 합니다."

그러나 연사는 조금도 망설임 없이 말했다.

"하지만 더 중요한 일은 저 여자가 들어오는 일입니다."

연사는 여자가 앉아 있는 데로 나가서 물었다.

"자매님, 무슨 일이 있나요?"

"난 당신의 자매가 아니에요."

그 여자가 대답했다.

그때 연사는 자기 손을 그 여자에게 얹으며 그 불쌍한 여자가 감동을 받을 때까지 말을 계속했다.

"저는 당신의 자매입니다. 당신을 사랑합니다."

그러는 동안 시간이 좀 경과했지만 모여 있던 사람들은 참고 기다려 주었다. 드디어 연사가 그 불쌍한 여자를 데리고 들어왔다. 가련하고 천박하고 초라한 여자였다. 그녀는 의자에도 앉지 않고, 연사의 옆자리에 있는 등받이도 없는 걸상에 앉았다. 연사는 자기에게 기대어 앉게 해주고 팔로 그 여자의 목을 감싸 안아 주었다. 그렇게 하고 청중에게 이야기를 했다.

연사의 사랑은 드디어 그 여인의 심금을 울리고 말았다. 그제서야 참으로 자기를 사랑해 주는 사람을 만났고, 그 사랑은 예수님의 사랑에 대해 눈을 뜨게 해주었다.

하나님의 자녀들의 마음속에는 사랑이 있다. 그 사랑이 더 풍성해지기를 기도하기 바란다.

하나님께서 목회자들, 선교사들, 교회 여러 직분자들, 교회 일꾼들과 모든 신자들에게 참으로 부드러운 하나님의 사랑을 충만히 내려 주시기를 기도한다. 참으로 우리 모두에게 하늘 사랑의 세례를 베풀어 주시기를 간절히 기도한다.

사랑은 남을 위해 기도하게 한다

또 한 가지 사실은 우리가 중보기도를 할 수 있는 것은 사랑뿐이다.

앞에서 우리가 사랑으로 일해야 한다는 말씀을 드렸다. 그런데 이 죄 많은 세상에서 우리가 해야 할 가장 중요하고 가장 어려운 일은 무엇이겠는가? 바로 중보기도다. 하나님께 나아가 시간을 드려 간구하는 일이다.

열렬한 신자거나, 목사거나, 선한 일을 많이 행하는 사람들도 하나님 앞에서 오랜 시간을 기도하기란 그리 쉬운 일이 아니다. 하나님께서 우리에게 중보의 영, 기도와 탄원의 영을 부어 주시기를 소망한다. 모든 성도를 위하여, 모든 하나님의 백성을 위하여 기도하지 않고 지나치는 날이 없기를 바란다.

이 일을 소홀히 여기는 신자들이 많다. 기도 모임에서 친한 교인들을 위해서는 기도하지만, 모든 신자들을 위해서는 기도하지 않는다. 시간을 내어 그리스도의 교회를 위하여 기도하자. 이방인을 위하여 기도하는 것도 좋다. 하나님께서는 그들을 위해 더 많이 기도하도록 도와주신다. 선교사들과 전도자들과 불신자를 위해 기도해야 한다. 그런데 사도 바울은 이방인이나 불신자들보다 믿는 자들을 위하여 기도하라고 말씀했다. 매일 이것을 먼저 간구하도록 하자.

"주님, 도처에 흩어져 있는 주님의 백성들에게 은혜를 베풀어 주옵소서."

오늘날 교회의 상황이 말할 수 없는 어려운 상태에 놓여 있다. 하나님께서 백성을 돌아보시기를 구하고, 서로를 위하여 구하며, 하나님을 위해 일하는 모든 그리스도인들을 위해 간구하자. 마음에 사랑이 가득 차도록, 성령을 통하여 매일 새롭게 채움을 입도록 기도하자. 우리는 성령의 지배를 받아야 할 구별된 백성이다.

날이 갈수록 더욱더 조용히 하나님을 기다리는 자가 되게 해주시기를 기도하자. 오로지 자신만을 위해서 곧 잃어버릴 어떤 능력을 간구하는 것이 아니라, 다른 사람을 위한 중보기도와 사역에 순종하기 바란다. 그리고 세계 도처의 하나님의 백성들을 위해 더 많이 기도하고, 사랑의 성령이 우리 안에 거하시기를 기도하자. 우리와 연관된 하나님의 일을 위해 기도하자. 하나님을 잠잠히 바라는 것이 말할 수 없는 은혜와 능력의 원천이 될 것이다.

"성령의 열매는 사랑"이다.

자신에게 사랑이 부족함을 하나님께 고백하였는가? 이렇게 고백하라.

"주님, 저의 마음은 부족합니다. 사랑이 부족합니다."

그리고 이 부족함을 하나님 앞에 내놓고 간구할 때, 주님의 보혈로 당신을 씻어 주시고, 강한 능력으로 당신을 구원해 주시며, 성령을 주실 것을 믿으라.

"성령의 열매는 사랑입니다."

Chapter

3

나를 부르시는 하나님의 뜻에 전적으로 복종하라

"안디옥 교회에 선지자들과 교사들이 있으니 곧 바나바와 니게르라 하는 시므온과 구레네 사람 루기오와 분봉 왕 헤롯의 젖동생 마나엔과 및 사울이라 주를 섬겨 금식할 때에 성령이 이르시되 내가 불러 시키는 일을 위하여 바나바와 사울을 따로 세우라 하시니 이에 금식하며 기도하고 두 사람에게 안수하여 보내니라 두 사람이 성령의 보내심을 받아 실루기아에 내려가……"(행 13:1-4).

본문은 우리를 향한 하나님의 뜻과 사역에 대해 몇 가지 중요한 가르침을 준다. 이 말씀에서 우리에게 주는 가장 큰 교훈은 성령께서 지상에서 진행되는 하나님 사역의 총지휘자라는 사실이다. 우리가 올바로 하나님의 일을 하고 하나님이 그 일을 축복하시려면, 성령과 올바른 관계에 있어야 하고, 매일 성령을 공경해야 하며, 우리의 모든 일과 모든 내면 생활이 항상 성령을 위주로 이루어져야 한다. 본문은 우리에게 몇 가지 중요한 지침을 준다.

첫 번째로, 하나님께서는 하나님의 나라를 위하여 독자적인 계획을 가지고 계신다.

안디옥에 하나님의 교회가 설립되었다. 하나님께서는 아시아와 유럽에 대하여 어떤 계획과 의도를 가지고 계셨다. 이를 계획하신 분도 하나님이시고, 그분의 종들에게 알게 하신 분도 하나님이시다.

총사령관이 되셔서 모든 활동을 조직하시지만, 수하의 장군들과 장교들이 그 위대한 계획들을 사전에 모두 알고 있는 것은 아니다. 때로는 인봉된 명령을 받아서, 명령이 내려지기를 기다릴 수밖에 없다. 그 일이 반드시 성취되어야 할 일이라면, 하나님은 그 일에 대해 분명한 소원과 뜻을 가지고 계신다. 그 일이 성취될 방법에 대해서도 마찬가지다. 하나님의 뜻에 이끌려 하나님의 일을 하는 자는 복이 있다.

몇 년 전, 남아프리카의 웰링턴에 살 때 한 선교회관을 개관했다. 현지에서는 그 건물이 매우 크고 훌륭하다고들 입을 모았다. 개회 예배 때 회관 책임자가 한 말을 결코 잊을 수가 없다.

"작년에는 우리가 여기에 모여 주춧돌을 놓았었지요. 그때 보이는 것이 무엇이었습니까? 겨우 쓰레기와 돌과 벽돌과 헐린 고옥의 폐허뿐이었습니다. 거기다가 주춧돌을 놓았을 때 어떤 건물이 서게 되리라는 것을 아는 사람은 극소수였습니다. 그것도 단 한 사람, 건축기사를 제외하고는 세부적인 것을 완전히 아는 사람이 아무도 없었습니다. 일이 시작되자 하청 업자들과 석공과 목수가 그 건축기사의 명령을 받아 일했고, 일꾼들이 그 명령대로 순종하여, 드디어 이처럼 아름다운 회관이 준공되었습니다. 이와 마찬가지로 오늘 열게 된 이 회관도 앞으로 하게 될 일의 기초를 놓은 것뿐이고, 이 일이 어떻게 될 것인지를 아는 분은 오직 하나님뿐이십니다."

사실 하나님께서는 일꾼들과 계획들을 분명히 설계하셨고, 우리는 언제든지 필요한 때에 하나님의 뜻을 나타내 주시기를 기다릴 뿐이다.

우리의 할 일은 다만 하나님의 명령을 수행할 때 온전히 순종하는 것뿐이다. 하나님은 지상 교회에 대한 자신의 계획을 가지고 계신다. 그런데 유감스럽게도 우리는 종종 자신의 계획을 세워 놓고서, 무엇을 해야 할지 알고 있다고 생각한다. 하나님께 먼저 우리의 미약한 노력을 축복해 달라고 기도하면서, 하나님이 앞서 가시지 않으면 절대 가지 않겠다는 단호한 태도를 취하지 않는다. 하나님은 그분의 나라의 일과 확장에 대한 계획을 세워 놓으셨다. 성령께서 그 일을 맡으셨다.

"하나님이여, 우리가 성령의 인도하심이 아니고서는 여호와의 궤를 감히 만지지 않게 하여 주소서."

두 번째로, 하나님은 기꺼이 자신의 뜻이 무엇인지를 종들에게 계시하기 원하시며, 능히 계시할 수 있으시다.

그렇다. 하나님을 송축하도록 하자. 아직도 하나님의 말씀이 하늘로부터 내려온다. 본문에서 성령께서 말씀하셨듯이 지금도 성령님은 교회와 백성들에게 친히 말씀하시고 있다. 이 마지막 때에 종종 그렇게 하신다. 성령께서는 개개인에게 오셨으며, 신령한 가르침을 통해 처음에는 다른 사람들이 이해할 수 없고 인정하지 않던 장소로, 다수에게 권하지 않았던 길과 방법으로 인도하셨다.

성령은 지금도 자기 백성들을 가르치신다. 해외 선교와 국내 선교, 수많은 사역지에서 성령의 인도가 있었음은 지극히 감사한 일이지만, (누구나 이렇게 고백하리라 믿는다) 너무나 조금밖에 알려져 있지 않다. 우리는 참으로 성령을 기다리는 법을 충분히 배우지 못했다. 그러기에 하나님 앞에서 다음과 같은 엄숙한 결정을 해야 한다.

"하나님, 우리에게 하나님의 뜻을 보여 주실 때까지 조용히 기다리겠습니다."

하나님께 능력만을 간구하지 말기 바란다. 많은 그리스도인들이 자기 나름의 계획을 세우지만 하나님이 능력을 주셔야 한다. 자기 뜻대로 일을 할지라도 하나님의 은혜를 입어야 한다. 하나님이 은혜를 주시지 않으면 성공할 수 없다. 이제 하나님 앞에 나아와 이렇게 고백하자.

"하나님의 뜻대로 행한 일에는 하나님의 능력이 결코 떠나지 않을 것이며, 하나님의 뜻대로 행한 일에는 반드시 하나님의 크신 축복이 함께하실 것입니다."

그러기에 무엇보다도 하나님의 뜻이 나타나기를 바라야 한다.

하늘로부터 이런 메시지를 전달받고 이해하는 것이 쉬운 일인지를 묻는다면 나는 이렇게 대답하겠다.

"하늘의 하나님과 올바른 교통을 하는 자들과 기도하는 중에 하나님을 의지하는 자들에게는 쉽다."

이따금씩 사람들이 어떻게 하나님의 뜻을 알 수 있느냐고 묻는다. 또 난처할 때는 간절히 기도하여 즉시 하나님의 응답을 받으려고 한다. 그러나 하나님께서는 겸손하고 온유하며 마음이 비어 있는 자에게만 자신의 뜻을 나타내 주신다. 일상생활에서 사소한 일에 하나님께 순종하며 하나님을 온전히 영화롭게 하는 자들에게만, 곤란한 순간이나 특별한 어려움이 있을 때 하나님의 뜻을 나타내 보이신다. 당황하게 되든지 어려움에 처할 때 하나님께서는 자신의 뜻을 나타내 보이신다.

여기에 세 번째로 생각해야 할 점이 있다. 성령이 어떤 마음을 가진 사람에게 하나님의 뜻을 나타내 주시는가?

본문을 다시 보자. 다수의 사람들이 주님을 섬기며 금식하고 있을 때 성령이 그들에게 오셔서 말씀하셨다. 어떤 이들은 이 구절을 오늘날의 선교 위원회와 관련시켜 이해하기도 한다. 열려진 선교지가 있는데, 우리는 다른 곳에서 선교 사업을 해 왔다. 그래서 이제 그 열려진 선교지로 가려고 한다. 실질적으로 우리는 영역을 결정해 놓고 그것을 위해 기도한다. 그렇지만 초대교회 사람들은 달랐다. 그 누구도 유럽을 염두에 두지 않은 듯했다. 나중에 사도 바울조차 아시아로 되돌아가려고 했다가 어느 날 밤 환상 중에 하나님의 뜻을 받았으니까 말이다.

하나님께서 놀라운 일을 하셨다. 하나님은 교회를 안디옥까지 확장시키셨고 풍성한 축복을 내려 주셨다. 이 사람들은 주님을 섬기며 기도와 금식으로 봉사했다. 그들은 다음과 같은 깊은 확신을 가지고 있었다.

"그것은 하늘로부터 직접 받아야 합니다. 우리는 부활하신 주님과 교통하고 있습니다. 그 주님과 밀접하게 연합되어 있으면 어떻게든지 우리에게 그분이 원하시는 바를 알려 주실 것입니다."

그때 그들은 빈 마음이었고 아무것도 모르고 아무런 도움도 받지 않았는데도 기뻐하며 지극히 겸비하였다.

이렇게 말하는 것 같다.

"오, 주님! 저희는 주님의 종들입니다. 금식하고 기도하면서 주님의 대답을 기다립니다. 저희를 향하신 주님의 뜻은 무엇입니까?"

베드로도 마찬가지였다. 그는 지붕 위에서 금식하고 기도하면서 자기가 본 환상과 가이사랴로 가라고 하신 명령에 대해 별로 깊이 생각하지 않았다. 다시 말해 자기가 할 일이 어떤 것인지도 모르고 있었다.

하나님 아버지의 뜻을 나타내 주시는 마음은 어떤 마음일까? 주 예수님께 전적으로 순종하는 마음이요, 세상과 구별된, 심지어 일반적인 종교 행위에서도 구별되어 간절한 기도로 주님을 우러러 보는 마음이다.

3절에서 금식이란 말이 두 번째로 기록된 것을 볼 수 있다.

"이에 금식하며 기도하고."

여러분은 예수님의 명령대로 골방에 들어가 문을 닫고 기도할 것이다. 사업, 방문객, 쾌락 등 주의를 산만하게 하는 모든 것에서 문을 닫고 오로지 하나님 앞에 있으려고 할 것이다. 그런데도 세상은 그곳까지 따라온다. 물론 우리는 먹어야 한다. 그러나 본문에 나오는 사람들은 물질적이고 가시적인 모든 영향에서 온전히 문을 닫고 금식하였다. 다만 체력을 유지할 정도의 양만 먹었고, 그 중심은 하나님 앞에서 금식하며 세상의 모든 것은 잊어버리려고 했을 것이다.

"하나님, 우리도 그런 절실한 소원을 갖게 하옵소서. 모든 것에서 떠나고자 하는 간절한 소원을 주옵소서. 그리하여 하나님만 바라는 중에 성령께서 하나님의 복된 뜻을 나타내 주실 수 있게 하옵소서."

네 번째로, 성령께서 나타내 보여 주시는 하나님의 뜻은 무엇인가? 이것을 한마디로 표현할 수가 있다. 곧 성령의 일을 위해 구별되라는 것이다. 이것이 하나님께서 주시는 메시지의 요점이다.

"내가 불러 시키는 일을 위하여 바나바와 사울을 따로 세우라. 그 일은 나의 일이므로 내가 관할한다. 내가 이들을 택하여 불러내었다. 그러기에 그리스도의 교회를 대표하는 너희들에게 명하노니 나를 위해 그들을 따로 세우라."

두 가지 면에서 이 메시지를 살펴보자. 성령의 일을 위해 사람들이 따로 세워져야 했고, 교회는 이 일을 해야만 했다. 성령께서는 그들이 이 일을 올바른 정신으로 할 줄 믿고 계셨다. 그들은 하나님과 교제를 계속해 왔으므로 성령께서는 "이 두 사람을 구별하여 세우는 일을 하라."고 말씀하실 수 있었다. 이 둘은 성령께서 준비시킨 자들이었고, 그렇기 때문에 "내 일을 위해 이 두 사람을 따로 세우라."고 말씀하실 수 있었다.

여기에서 우리는 그리스도의 일꾼들에게 꼭 필요한 것이 무엇인지를 보게 된다. 문제는 하나님의 능력이 우리에게 더 강력하게 임하려면, 하나님의 축복이 우리가 돌보는 가난하고 불쌍한 자들과 멸망해 가는 죄인들에게 더욱 풍성하게 부어지려면, 무엇이 필요할까 하는 점이다. 이에 대한 하늘로부터의 대답은 "나는 성령의 일을 위하여 구별된 자들을 원한다."는 것이다.

도대체 무슨 뜻일까? 땅 위에는 두 가지 영이 존재한다는 것을 알 것이다. 그리스도께서는 성령에 대하여 말씀하시면서 "세상은 능히 그를 받지 못하나니"(요 14:17)라고 하셨다. 사도 바울은 "우리가 세상의 영을 받지 아니하고 오직 하나님으로부터 온 영을 받았으니"(고전 2:12)라고 하였다. 이것이 일꾼된 자에게 마땅히 필요한 것이다. 세상의 영은 나가고, 하나님의 영이 들어와서 우리의 속사람과 전인격을 지배해야 한다.

일꾼들 중에는 그들의 일을 위하여 성령께서 그들 위에 능력의 신으로 임하시기를 부르짖는 자들도 있다. 그리고 실제로 그 능력을 맛보고 축복을 입으며 하나님께 감사드린다. 그러나 하나님은 보다 고도의 태도를 원하신다. 우리가 성령을 구하되, 성령이 능력의 신으로 임하여 우리의 마음과 생활을 지배하시며, 우리의 자아와 죄를 정복하여 우리 속에 찬란한 예수님의 형상이 이루어지기를 갈망하기 원하신다.

은사로서의 사역적인 성령의 능력과 거룩한 생활을 위한 은혜로서의 성령의 능력은 차이가 있다. 때로 어느 정도의 사역적인 은사로서의 성령의 능력을 소유할 수도 있겠지만, 거룩한 삶을 위한 성령의 능력을 소유하지 못하면 그가 행하는 사역에서 결국에는 결점이 드러날 것이다. 비록 남을 구원에 이르게 하는 도구는 될지라도 그들이 더 높은 수준의 영적 생활에 이르도록 인도할 능력이 없음은 물론, 자신이 세상을 떠날 때 그가 행했던 수많은 사역들도 모두 사라지고 말 것이다. 따라서 성령을 위해 구별된 사람은 다음과 같이 고백해야 한다.

"하나님 아버지, 성령이 저를 온전히 지배하시기 원하나이다. 가정에서, 성품에서, 혀의 모든 말과 마음의 모든 생각에서, 이웃에 대한 모든 태도에서 성령만이 전적으로 저를 사로잡아 주시기 바라나이다."

성령께 구별되어 드려진 사람이 되는 것, 이것이 바로 당신의 소원이요, 하나님과의 약속인가?

하늘의 소리를 들어 보라. "내 일을 위하여 따로 세우라."고 성령께서 말씀하신다. 그렇다. 성령을 위해 구별되어야 한다. 이 말씀이 우리의 마음속 깊이 들어와 우리가 참으로 세상으로부터 온전히 구별되었는지, 우리 속에 아직도 자기 자신, 자기 의지, 자만심이 있는지를 살펴보고 하나님 앞에서 스스로 겸손해지기를 바란다.

사랑하는 형제자매 여러분, 여러분은 성령께 구별된 자들이다. 정말 그러한가? 참으로 그런 소원을 가지고 있는가? 그렇게 자신을 하나님께 내어 드렸는가? 부활하신 주 예수님의 능력을 믿는 믿음으로 이것을 기대하는가? 만일 그렇지 못하다면, 지금 믿음을 향한 하나님의 부름이 여기 있다. 여기에 하나님의 축복의 열쇠가 있다. 성령의 일을 위하여 기꺼이 구별되라. 하나님께서 이것을 우리 마음속에 새겨 주시기 원하신다.

성령께서는 교회가 그런 일을 할 수 있을 줄 아시고 말씀하셨다. 그들을 신뢰하신 것이다. 하나님께서 오늘날 우리 교회, 우리 단체, 사역자들의 모임에 은혜를 주셔서, 모든 지도자들과 종교 회의와 위원회들이 성령의 일을 위하여 구별되게 해주시기 바란다. 우리는 하나님께 이것을 간구할 수 있다.

다섯 번째로 생각할 점은 성령의 일을 할 때 성령과 거룩한 연합을 이루려면 지각과 행동이 필요하다는 것이다.

본문에 나오는 사람들은 어떻게 하였는가? 그들은 바울과 바나바를 따로 세웠고, 그 두 사람은 성령의 보내심을 받아 실루기아로 내려갔다고 기록되어 있다. 아름다운 협력 관계다. 하늘에 계신 성령이 사역의 일부를 담당하셨고, 지상의 일꾼들은 다른 부분을 담당했다. 땅의 일꾼들이 안수를 받은 후에, 그들이 성령의 보내심을 받았다고 성경은 기록하고 있다.

이러한 협력 관계는 새로운 기도와 금식을 요구한다. 그들은 얼마 동안 주님을 섬겨 금식했다. 아마 여러 날 동안 그랬을 것이다. 그러자 성령께서 말씀하셨고, 그들은 성령과 연합하여 일하게 되어 즉시 더 많은 기도와 금식에 들어갔던 것이다. 이와 함께 그들은 주님의 명령에 순종하였다. 이는 하나님의 일을 시작할 때뿐 아니라 이후로도 계속해서 기도로 힘을 얻어야 함을 말해 주는 것이다.

교회를 생각할 때, 때로는 왈칵 슬픔이 솟아날 때, 수치스러운 나의 삶이 생각날 때, 교회가 진리를 받아들이지 않고 파악하지 못했다고 생각될 때, 하나님께 아뢰고 싶은 기도가 있다면 이것이다.

"주님의 은혜로 새로운 일들을 가르쳐 주소서."

이것은 하나님의 나라에서 가지는 기도의 위력이다. 그런데 우리는 이것을 우리 자신에게 적용하는 일이 극히 드물다.

존 번연의 유명한 책, 『천로역정』에서 주인공 크리스천이 토굴을 열 수 있는 열쇠를 가슴 속에 가지고 있음을 발견하였을 때 한 말을 기억할 것이다. 우리에게는 무신론과 이교의 토굴을 열 수 있는 열쇠가 있다. 그렇지만 유감스럽게도 기도는 등한시하고 일에만 몰두한다. 우리는 하나님께 말하기보다는 사람에게 말하기를 더 좋아한다.

성령께서 명하시는 일은 새로운 금식과 기도를 요구한다는 사실을 성경의 사람들로부터 배워야겠다. 세상적인 생각과 쾌락에서 떠나 하나님께 새롭게 순종하고 하나님과의 교제에 들어가는 일이다. 그들은 온전히 기도와 금식에 몰두했다. 우리가 일상적인 신앙생활을 할 때 간절히 기도한다면, 내면의 생활은 더욱 풍성한 복을 누릴 것이다. 만일 우리가 매순간 오직 그리스도와 교제하고 하나님이 우리 내면에서 역사하심으로 지속된다는 것을 느끼고 세상에 나타내고 증거할 수 있다면, 그런 정신만 가지고 있다면, 우리는 하나님의 은혜로 더욱 거룩한 삶을 살게 되지 않겠는가? 더욱 풍성한 열매를 맺는 삶이 되지 않겠는가?

갈라디아서 3장에서 우리는 엄숙한 하나님의 경고의 말씀을 접하게 된다. 바울은 이렇게 묻고 있다.

"성령으로 시작하였다가 이제는 육체로 마치겠느냐"(3절).

이 말씀은 무슨 뜻일까? 신앙생활이나 주님의 일을 할 때 처음에는 간절한 기도와 성령 안에서 시작했다가 점차 육신의 길로 빠져 버리는 경우를 말한다. 이것만큼 위험한 일도 없다. 그런 때에 이 말씀은 좋은 경고가 된다.

처음에 무력하고 힘든 상황에 처했을 때 우리는 간절한 기도를 드린다. 그리고 하나님이 응답하시고 은혜를 내려 주신다. 훌륭한 조직을 이루고 일꾼이 증가된다. 그러나 점차 조직과 사업과 급한 일들에 사로잡혀 처음에 간절히 의지하였던 성령의 능력을 상실하게 된다. 이 점을 주의하기 바란다.

"내 영혼아, 너는 오직 여호와만 바라라."고 하시는 성령의 명령을 제자들은 새로운 기도와 금식으로, 더욱 간절한 기도와 금식으로 수행했다.

이것이야말로 최상의 과제요, 가장 중요한 과제다. 성령께서는 믿음의 간구에 응답하신다.

부활하신 주님께서 영광스럽게 하나님의 보좌에 오르시자 제자들은 열흘이나 그 보좌의 발등상에서 간곡한 기도를 올렸다. 하나님 나라의 원칙이 바로 여기에 있다. 왕은 보좌에 좌정하시고, 종들은 그 발등상에 있는 것이다. 종의 자리에 항상 있기를 바란다.

마지막으로 생각할 점은 성령께서 그 일을 지시하시고 인도하실 때, 또 그 일이 성령께 순종함으로 성취될 때 놀라운 축복이 있을 거라는 사실이다.

바나바와 사울이 파송되었던 선교 이야기를 들어 보았을 것이다. 어떤 능력이 그들과 함께하였는지 알았을 것이다. 성령께서 그들을 보내셨으므로 가는 곳마다 많은 축복이 일어났다. 계속해서 그들의 인도자는 성령이었다. 바울을 아시아로 가지 못하게 하신 분도 성령이었다. 그리하여 유럽으로 가게 되었다. 고작 두 사람이었으나 그들과 그들의 사역에는 엄청난 은혜가 임하였다.

하나님께서 우리를 위해 은혜를 베푸신다는 사실을 깨닫기 바란다. 성령은 '삼위일체의 집행자'라고 한다. 성령은 능력뿐 아니라 사랑을 가지신 분이다. 그분이 이 어두운 세상을 품으시고 모든 일을 지켜보시며 은혜를 내려 주신다.

더욱 큰 축복을 받지 못함은 어째서일까? 대답은 하나다. 마땅히 그래야 함에도 불구하고 성령을 높이고 섬기지 못했기 때문이다. 그렇지 않다고 할 사람이 있을까? 깨달은 자라면 이렇게 부르짖을 것이다.

"마땅히 높여 드려야 할 성령을 높이 섬기지 못했습니다. 저는 성령을 슬프시게 했습니다. 성령께서 응당 존귀함을 받으셔야 할 때, 저 자신과 육신과 의지를 먼저 생각했습니다. 용서하여 주옵소서. 성령께서 마땅히 계셔야 할 자리에 저 자신과 육신과 제 뜻을 두었습니다. 용서하여 주옵소서."

우리의 죄는 우리가 알고 있는 것보다 훨씬 더 크다. 오늘날의 교회가 이렇게 나약하고 실패투성이인 것은 별로 놀라운 일이 아니다.

Part
2

하나님께 전적으로
자신을 맡겨라

T r u s t

Absolute
Surrender

Chapter 4

슬피 울며
자기를 부인하라

"주께서 돌이켜 베드로를 보시니 베드로가 주의 말씀 곧 오늘 닭 울기 전에 네가 세 번 나를 부인하리라 하심이 생각나서 밖에 나가서 심히 통곡하니라"(눅 22:61-62).

이것은 베드로의 생애에서 전환점이 되었다. 그리스도께서는 이미 "네가 지금은 따라올 수 없으나"(요 13:36)라고 말씀하신 적이 있었다. 그가 그리스도를 따를 정도로 합당한 상태에 있지 못했던 것은 막다른 지경에 이르러 본 일이 없기 때문이다. 그는 자기 자신을 완전히 몰랐으므로 그리스도를 따를 수 없었다. 그런데 밖으로 나가서 심히 울었을 때에 큰 변화가 생겼다. 이미 그리스도께서는 "너는 돌이킨 후에 네 형제를 굳게 하라"(눅 22:32)는 말씀을 하셨다. 여기에서 베드로는 자기 자신에게서 그리스도께로 돌이키게 되었다.

베드로의 이야기를 읽게 된 것이 얼마나 감사한지 모르겠다. 우리에게 이보다 큰 위로를 주는 성경 인물이 또 있는지 모르겠다. 그의 성격을 볼 때, 부족한 점투성이였다. 그리스도께서 성령의 능력으로 그를 일으키신 사실을 볼 때 우리에게도 소망이 있다. 다만 기억할 것은, 그리스도께서 베드로를 성령으로 충만케 하시기 전에 그가 나가서 심한 통곡을 했다는 사실이다. 그는 참으로 겸비해져야 할 필요가 있었다.

이것을 이해하기 위해 생각해 볼 점이 네 가지 있다. 첫째는 예수님께 순종한 제자 베드로, 둘째는 자기 자신에게 얽매인 베드로, 셋째는 회개한 베드로, 넷째는 성령으로 변화된 베드로다.

예수님께 순종한 제자 베드로

그리스도께서는 베드로에게 자기를 따르라고 하셨다. 베드로는 즉시 순종하였고 후에 이렇게 말했다.

"우리가 모든 것을 버리고 주를 따랐사온대"(마 19:27).

베드로는 절대적으로 순종한 사람이었다. 그는 모든 것을 포기하고 그리스도를 좇았다. 또한 순종할 준비가 된 사람이었다.
그리스도께서 한번은 "깊은 데로 가서 그물을 내리라."고 하셨다. 어부인 그는 그곳에 고기가 없음을 알고 있었다. 밤새도록 수고하였지만 한 마리도 못 잡았기 때문이다. 그런데도 그는 "말씀에 의지하여 내가 그물을 내리리이다."라고 대답하였다. 예수님의 말씀에 순복하였던 것이다.

더욱이 그는 위대한 믿음의 사람이었다. 그리스도께서 바다 위로 걸어오심을 보고 "주여 만일 주님이시거든 나를 명하사 물 위로 오라 하소서"(마 14:28)라고 여쭈었을 때, 주님이 허락하시자 베드로는 배에서 내려와 물 위로 걸었다.

베드로는 또한 영적 통찰력을 지닌 사람이었다. 예수님께서 제자들에게 "너희는 나를 누구라 하느냐?" 하고 물으셨을 때, 그는 "주는 그리스도시요 살아 계신 하나님의 아들이시니이다"(마 16:15-16)라고 대답했다. 그러자 그리스도께서는 "바요나 시몬아

네가 복이 있도다 이를 네게 알게 한 이는 혈육이 아니요 하늘에 계신 내 아버지시니라"(마 16:17)고 하셨다. 또한 그를 반석이라 하시고, 그에게 천국 열쇠를 주시겠다고 말씀하셨다.

베드로는 예수님께 순종한 훌륭한 사람이었다. 그가 만일 오늘날에 살았더라면 누구나 그를 수준 높은 기독교인이라고 말했을 것이다. 그런데도 베드로에게는 얼마나 부족한 점이 많았는가?

자기 자신에게 얽매인 베드로

"이를 네게 알게 한 이는 혈육이 아니요 하늘에 계신 내 아버지시니라."는 말씀이 있은 후에, 그리스도께서는 자기의 고난에 대해 말씀하기 시작하셨다. 그러나 베드로는 당돌하게 "주여 그리 마옵소서 이 일이 결코 주께 미치지 아니하리이다"(마 16:22)라고 말했다. 주님은 말씀하셨다.

"사탄아 내 뒤로 물러가라 너는 나를 넘어지게 하는 자로다 네가 하나님의 일을 생각하지 아니하고 도리어 사람의 일을 생각하는도다"(마 16:23).

베드로는 아집에 사로잡혀 자기의 지혜를 믿고 예수님을 막았다. 어디에서 그런 행동이 나왔을까? 그는 자신을 믿었고, 하나님의 일들에 대해서도 자기 생각에 사로잡혀 있었다. 후에 제자들 중에 누가 가장 크냐 하는 변론이 있었는데, 베드로도 그중 한 사람이었다. 자기야말로 첫 번째 자리에 앉아야 마땅하다고 여겼다. 다른 사람을 넘어서 자신의 영예를 추구했다. 그토록 강한 자아가 베드로 안에 있었다. 배도 그물도 버렸으나 옛 자아는 버리지 못한 것이다.

그리스도께서는 "사탄아 내 뒤로 물러가라."고 하시고 또 이렇게 말씀하셨다.

"누구든지 나를 따라오려거든 자기를 부인하고 자기 십자가를 지고 나를 따를 것이니라"(24절).

이렇게 하지 않고서는 진정으로 주님을 따른다고 할 수 없다. 자신이 철저하게 부인되어야 한다.

이것은 무슨 뜻인가? 베드로가 그리스도를 부인할 때 세 번씩이나 "나는 그 사람을 모르오."라고 말했는데, 이는 곧 "나는 그 사람과 상관이 없소. 그 사람과 나는 친구지간이 아니오. 그 사람과는 하등의 관련이 없소."라는 뜻이다. 그리스도께서는 베드로에게 반드시 자신을 부인해야 한다고 가르쳐 주셨다. 자아가 무시되고 자기의 모든 주장이 거부되어야 한다. 여기에 진정한 제자도의 근거가 있다.

그러나 베드로는 이것을 깨닫지 못했고, 그러기에 순종하지 못했다. 그리하여 어떻게 되었는가? 마지막 밤이 되자 그리스도께서는 그에게 예고하셨다.

"닭 울기 전에 네가 세 번 나를 부인하리라."

그때도 베드로는 자신만만하게 말했습니다.

"내가 주와 함께 죽을지언정 주를 부인하지 않겠나이다"

(마 26:34-35).

베드로는 진심으로 그럴 각오를 했을 것이다. 그러나 그는 자기 자신을 모르고 있었다. 예수님께서 말씀하신 것처럼 자신이 그렇게 나쁘지는 않은 줄 알고 있었다.

우리도 자신과 하나님 사이에 가로막힌 각자의 죄를 생각할 것이다. 그런데 자기의 본성, 전적으로 타락한 자신에 대해서는 어떻게 생각하는가?

완전히 사탄의 권세 아래 있는 육신은 어떻게 할 것인가?
여기서 구원받는 일이 절실하다.

베드로는 이것을 몰랐다. 그러기에 자기를 과신하여 주님을 부인했다.

그리스도께서 부인한다는 말을 두 번 사용하신 것을 주의하여 보도록 하자. 처음에는 베드로에게 "자기를 부인하라."고 하셨고, 두 번째는 베드로에게 "네가 나를 부인하리라."고 하셨다. 이것은 양자택일의 문제다.

자기를 부인하든지 아니면 그리스도를 부인하든지, 어느 한 쪽을 택해야 한다. 큰 두 세력이 싸우고 있다. 죄의 세력 안에 있는 자기 본성과 하나님의 세력 안에 있는 그리스도다. 우리는 둘 중 하나의 지배를 받는다.

마귀가 된 것은 자기였다. 원래는 하나님의 천사였는데 자기를 높이려는 마음이 생겼고, 그리하여 지옥의 마귀가 되었다. 인간이 타락하게 된 원인도 자아였다. 하와는 자기 자신을 위하여 뭔가를 추구했다. 그리하여 우리의 최초의 조상은 온갖 죄의 비참함 가운데 떨어지고 말았다. 그 후손인 우리도 이 무서운 죄의 본성을 타고났다.

회개한 베드로

베드로가 주님을 세 번이나 부인하자, 주님이 그를 보셨다. 그 예수님의 눈길은 베드로의 마음을 깨뜨렸다. 그는 즉시 자기가 저지른 무서운 죄를 직시하게 되었다. 무서운 실패의 나락에 떨어졌을 때 그는 "밖에 나가서 심히 통곡"하였다.

그의 회개가 어떠한 것이었는지는 아무도 모른다. 그날 밤 그 일이 있은 후에 베드로가 십자가에 못 박히시고 장사되시는 그리스도를 보았을 때, 또 그 다음날 안식일에 얼마나 큰 절망과 수치심 속에서 지냈겠는가!

"나의 주님도 가셨고, 나의 소망도 사라졌네. 나는 주님을 세 번이나 부인하였구나! 그 사랑의 생활, 3년 동안의 복된 교제의 마지막 순간에 나는 주님을 부인하였구나! 하나님, 나를 불쌍히 여겨 주시옵소서!"

그가 얼마나 깊은 겸손에 이르렀는지는 아무도 모른다. 바로 그것이 그의 전환점이 되었다. 그 주의 첫날, 주님은 베드로에게 나타나셔서 다른 제자들과 함께 있던 그를 만나셨다. 그 후 갈릴리 호수에 있을 때 주께서 베드로에게 "네가 나를 사랑하느냐?" 하고 물으셨다. 그가 세 번이나 주님을 부인했던 사실을 기억하도록 주께서 세 번 물으셨을 때 그는 슬픔으로, 그러나 분명히 대답했다.

"주님 모든 것을 아시오매 내가 주님을 사랑하는 줄을 주님께서 아시나이다"(요 21:17).

성령으로 변화된 베드로

드디어 베드로는 자기 자신에게서 벗어날 준비가 되었다. 그리스도께서 그를 다른 제자들과 함께 보좌의 발등상으로 이끄시고 거기서 기다리게 하셨다. 그리고 오순절에 성령이 임하여 베드로는 변화되었다. 베드로가 변화하여 담대하게, 큰 능력으로, 성경에 대한 깊은 통찰력을 가지고 위대한 설교를 하였다는 것만 생각하지 않기 바란다. 그것도 중요하지만 베드로에게 일어난 더 중요하고 심오한 일이 있다. 바로 그의 전 성품이 변화된 것이다. 그리스도께서 베드로를 바라보실 때, 그의 속에서 시작하신 일이 성령으로 충만해졌을 때 완전하게 이루어졌다.

이를 자세히 알고 싶으면 베드로전서를 읽어 보기 바란다. 베드로의 실패가 어디에 있었는지 알게 될 것이다. "이 일이 결코 주께 미치지 아니하리이다."라고 말했을 때는 사망을 통해 생명으로 이른다는 진리를 알지 못했다. 그리스도께서 "네 자신을 부인하라."고 하셨을 때 베드로는 오히려 주님을 부인하였다. "네가 나를 부인하리라."고 경고하셨을 때 자기는 결코 부인하지 않겠다고 내세움으로써, 자기를 도무지 이해하지 못하고 있음을 드러냈다. 그러나 베드로전서를 읽어 보면 "너희가 그리스도의 이름으로 치욕을 당하면 복 있는 자로다 영광의 영 곧 하나님의 영이 너희 위에 계심이라"(벧전 4:14)고 말한다. 더 이상 예전의 베드로가 아니요, 이제는 그리스도의 신이 그를 감화시켜 말하게 하시는 것을 보게 된다.

그는 이렇게 말했다.

"이를 위하여 너희가 부르심을 받았으니 그리스도도 너희를 위하여 고난을 받으사 너희에게 본을 끼쳐 그 자취를 따라오게 하려 하셨느니라"(벧전 2:21).

참으로 커다란 변화가 아닐 수 없다. 그리스도를 부인하는 대신, 자기가 부인을 당하고 십자가에 못 박히고 죽음에 이르는 것을 즐거워하고 기뻐했다.

그러므로 사도행전에서 보듯이 그는 종교회의에 소환당했을 때 담대히 "사람보다 하나님께 순종하는 것이 마땅하니라"

(행 5:29)고 말하였고, 다른 사도들과 함께 그리스도의 이름을 위하여 고난받는 일에 합당한 자로 여김받은 것을 기쁘게 여겼던 것이다.

그가 전에는 얼마나 자만했는가? 그러나 이제는 "너희의 단장은 머리를 꾸미고 금을 차고 아름다운 옷을 입는 외모로 하지 말고 오직 마음에 숨은 사람을 온유하고 안정한 심령의 썩지 아니할 것으로 하라 이는 하나님 앞에 값진 것이니라"(벧전 3:3-4)고 말한다. 또한 "이와 같이 장로들에게 순종하고 다 서로 겸손으로 허리를 동이라"(5:5)고 말한다.

사랑하는 여러분들이여! 철저히 변화받은 베드로를 보라고 간곡히 권한다. 자기를 기쁘게 하고 자기를 과신하고 자기 뜻만 추구하던 베드로, 죄로 가득 차서 미련하고 성급하여 끊임없이 실패를 저지르던 그가 이제는 성령과 예수님의 생명으로 충만해졌다. 그리스도께서 성령으로 이 일을 이루셨다.

간략하게나마 이런 베드로의 이야기를 언급한 목적을 말하겠다. 그의 이야기는 하나님의 은혜를 입은 신자 누구에게나 적용되는 이야기다. 그의 이야기는 믿는 자라면 누구나 하나님 아버지께로부터 받게 될 복의 예언이다.

지금까지의 교훈들이 가르쳐 주는 바를 요약해 보자.

첫째, 비록 진지하고 경건하고 순종하는 신자라 할지라도 육신의 지배를 강하게 받을 수 있다는 점이다.

이는 엄숙한 진리다. 베드로는 그리스도를 부인하기 전에도 귀신을 쫓아내었고 병자들을 고쳤다. 그런데도 육신의 세력의 지배를 받았고, 육신이 그 속에 자리를 차지하고 있었다.

우리 마음이 자신의 지배를 받는 한 하나님께서 원하시는 대로 하나님의 능력이 우리 속에서 역사하실 수 없다. 위대하신 하나님께서 축복을 배나 더하시며 우리를 통해 열 배나 은혜 주시기를 원하신다는 것을 알고 있는가?

그러나 하나님을 방해하는 것이 있으니 곧 자기 자신이다. 우리는 베드로의 자만심과 성급함과 과신을 비판했다. 이 모든 것은 한마디로 자아에 뿌리박고 있다. 그리스도께서는 "자기를 부인하라."고 하셨지만 베드로는 이해하지 못하였고, 전혀 순종하지 못했다. 이로 인해 모든 실패를 초래한 것이다.

이 점에 주의하여 볼 때 우리는 다음과 같이 부르짖을 수밖에 없다.

"하나님, 내 속에서 이것을 발견하시고 육신에 거하지 않게 하옵소서!"

이러한 예는 수년간 그리스도인으로 살아온 사람들 중에서 얼마든지 볼 수 있다. 비록 그들이 높은 지위에 있을지라도 일단 하나님이 그의 참모습을 보시고 그에게도 자신의 참모습을 보게 하실 때, 부끄러워하며 하나님 앞에 엎드릴 수밖에 없을 것이다. 마침내 구원이 있음을 발견할 때까지 극한 수치와 슬픔과 고통과 번민에 싸여 있을 것이다. 베드로는 밖에 나가 심히 통곡하였다. 경건하다고 하는 자들 가운데 아직도 육신의 지배를 받고 있는 자들이 많음을 기억하자.

둘째, 자아의 힘을 발견하는 것은 복되신 주 예수 그리스도께서 하시는 일이다.

육신의 베드로, 자기 뜻대로 하며 자기를 사랑하던 베드로가 어떻게 해서 오순절의 사도가 되었고 서신서의 저자가 되었겠는가? 어디까지나 그리스도께서 그를 책임지시고 지켜보시며 가르치시고 은혜를 주셨기 때문이다. 그리스도께서 주신 경고도 하나의 연단 과정이었다. 그리고 마침내 사랑의 눈길을 보내주셨다. 고난 중에도 그리스도께서는 베드로를 잊지 않으시고 돌이켜 그를 보셨다. 그러자 "베드로는 밖에 나가 심히 통곡하였다."

베드로를 오순절로 인도하신 그리스도께서는 오늘날도 자기 자신을 온전히 바치기 원하는 자들의 마음을 기꺼이 주관하고자 하신다.

이제 다음과 같이 말할 사람이 없는가?

"아! 화로다 나여! 내가 언제나 자아에 사로잡혀 사심과 자의식과 자기 쾌락과 자기 고집에 얽매어 있으니, 어찌 이에서 벗어나리요?"

당신을 거기에서 벗어나게 하실 분은 오직 그리스도 예수님이시다. 그분 외에는 그 누구도 당신을 자신에게서 구원하지 못할 것이다. 지금 그분이 요구하시는 것이 무엇인가? 겸손히 그 앞에 엎드리는 것이다.

Chapter 5
자신의 무가치함을 철저히 인정하라

"무릇 사람이 할 수 없는 것을 하나님은 하실 수 있느니라"(눅 18:27).

사람은 할 수 없으나 하나님은 하실 수 있다.

그리스도께서는 젊은 부자 관원에게 "네게 있는 것을 다 팔아 가난한 자들에게 나눠 주라 그리하면 하늘에서 네게 보화가 있으리라 그리고 와서 나를 따르라."고 하셨다.

젊은 관원은 슬픔에 차서 돌아갔다. 그때 그리스도께서 제자들에게 "재물이 있는 자는 하나님의 나라에 들어가기가 얼마나 어려운지"라고 하시자, 제자들이 크게 놀라 "그런즉 누가 구원을 얻을 수 있나이까?"라고 질문했다(눅 18:22-26 참고). 그때 그리스도께서는 다음과 같은 대답을 주셨다.

"무릇 사람이 할 수 없는 것을 하나님은 하실 수 있느니라."

본문 말씀을 두 가지로 생각해 볼 수 있다. 신앙의 세계에서는 구원의 문제와 거룩한 생활로 그리스도를 따르는 문제가 사람으로서는 불가능하다는 것과 동시에 사람에게 불가능한 것도 하나님께는 가능하다는 것이다.

이 두 가지의 교훈에서 배울 점이 있다. 첫 번째 교훈은 신앙에서 인간은 무능력하며, 인간 스스로 구원을 얻을 수 없다는 교훈을 깨닫기까지는 무척 오랜 시간이 걸린다. 이것을 깨우쳤다 하더라도 두 번째 교훈은 깨닫지 못하는 것을 종종 보게 된다. 인간으로서는 불가능하지만 하나님으로서는 가능하다는 사실이다.

이 두 교훈을 모두 깨닫는 자는 진정 복된 사람이다.

이것을 깨달음으로 신앙생활은 한 단계씩 한 단계씩 올라가게 된다.

사람은 할 수 없다

그 첫 단계는 사람이 최선을 다했는데도 실패할 때, 더 잘하려고 했는데 다시 실패할 때, 더욱더 노력했는데 여전히 실패했을 때다. 그런데도 사람은 하나님과 그리스도를 섬기는 것이 불가능하다는 교훈을 깨닫지 못하는 경우가 많다. 베드로는 예수님의 제자로 3년을 지냈다. 그럼에도 불구하고 그 교훈을 전혀 깨닫지 못하다가 드디어 주님을 부인하고 나서 밖에 나가 심히 통곡하고서야 깨달았다.

이 교훈을 배우고 있는 사람을 잠깐 보자. 그는 처음에는 이 진리에 역행하고, 다음에는 승복은 하나 마지못해서 하고, 마침내 이 교훈을 진심으로 받아들여 즐거움을 누리게 된다.

신앙생활을 처음 시작한 새 신자는 이 진리를 깨닫지 못한다. 회심을 하고 마음속으로 주님과 더불어 즐거움을 누리면서 자기가 달려갈 길을 달리고 당면한 전쟁을 치르기 시작한다. 그의 태도는 진지하고 정직하며 하나님의 도움으로 승리할 것을 믿고 있다.

그러나 어찌된 일인지 얼마 안 가서 예기치 않던 실패를 하고 죄에 지고 만다. 그는 실망 가운데 이렇게 생각한다.

'내가 충분히 경계 태세를 갖추지 않고, 단단히 결심을 하지

않았기 때문이야.'

그래서 다시 맹세하고 다시 기도했는데도 또 실패한다. 그는 이렇게 생각한다.

'난 중생한 사람이 아니란 말인가? 내 속에는 하나님의 생명이 없단 말인가?'

그러다가 다시 '그래, 나는 그리스도를 소유한 사람이요, 그분의 도우심으로 거룩한 생활을 할 수 있어.'라는 생각을 하게 된다.

그 후 그는 또 다른 마음 상태에 이른다. 결국 그러한 생활이 불가능하다는 것을 알게 되지만, 그것을 받아들이지 않는 것이다. 수많은 그리스도인들이 이런 결론에 이른다.

'나는 할 수 없어.'

그리하여 자기들이 할 수 없는 일을 하나님이 기대하실 리가 없다고 생각한다. 그때 옆에서 하나님이 그것을 기대하고 계신다고 말해 주면, 이상하게 생각한다.

'나는 불가능해. 할 수 없어.'

자신의 무능력을 깨닫기 시작하면서 많은 그리스도인들이 승리의 삶 대신 패배의 삶을 살아간다. 그런데 그들은 그 사실을 충분히 이해하지 못한다. 그래서 단지 '불가능하다.'는 생각만으로 절망에 빠지는 것이다. 최선을 다하려고 노력하지만 크게 성공할 거라고 기대하지도 않는다.

그러나 하나님께서는 그의 자녀들을 세 번째 단계로 인도해 주신다. '불가능함'의 진리를 충분히 파악하고도 사람들은 이렇게 말한다.

"내가 해야 해. 내가 하고 말 거야. 사람으로서는 불가능하더라도 해야만 해."

새로운 의지로 혼신의 힘을 다하며 간절히 하나님께 간구를 드린다.

"주여, 도대체 어떻게 된 것입니까? 어떻게 하면 죄의 권세에서 해방될 수 있습니까?"

이는 로마서 7장에 나오는 중생한 사람의 상태를 가리킨다. 그는 사력을 다해 거룩한 생활을 이루어 보려고 한다. 하나님의 법이 그에게 계시되어 마음속 깊이 파고들 때 그는 담대히 말한다.

"내 속사람은 하나님의 법을 즐거워합니다. 선을 행하려는 의지가 내게 있습니다. 내 마음은 하나님의 법을 사랑하며, 나의 의지로 하나님의 법을 선택했습니다."

이렇게 하나님의 법을 즐거워하며 옳은 일을 행하려는 확고한 의지가 있는 사람도 실패할 수 있을까? 그렇다. 로마서 7장이 바로 그것을 가르친다. 더 필요한 것이 있다. 속사람이 하나님의 법을 즐거워하며 하나님이 원하시는 일을 원할 뿐만 아니라, 전능하신 하나님의 역사가 내 속에 있어야 한다. 여기에 대해 사도 바울은 빌립보서 2장 13절에서 가르쳐 주고 있다.

"너희 안에서 행하시는 이는 하나님이시니 자기의 기쁘신 뜻을 위하여 너희에게 소원을 두고 행하게 하시나니."

대조되는 점을 자세히 알아보자. 로마서 7장에서 중생한 사람은 "원함은 내게 있으나 선을 행하는 것(행할 능력)은 없노라 내가 원하는 바 선은 행하지 아니하고 도리어 원하지 아니하는 바 악을 행하는도다"(18-19절)라고 말하는 데 반하여, 빌립보서 2장에서는 더욱 깊은 깨달음에 다다른 자를 보게 된다. 그는 하나님께서 의지를 새롭게 해주셨을 때, 그 새 의지가 원하는 바를 이룰 수 있는 힘도 주신다는 것을 알고 있었다. 이 점이 신앙생활 할 때 깨달아야 할 중요한 진리이다.

"하나님, 저로서는 불가능합니다. 이 육신과 육신의 능력이 종식되며 자아가 종식되고 무능함을 영광으로 여기게 하소서."

우리의 무능함을 깨닫게 하시는 하나님께 감사드린다.

하나님께 온전히 순종한다고 할 때, 자신의 종말을 고하고, 날마다 매순간 식탁과 가정과 일터에서, 시련과 유혹 가운데서, 어디에서나 전적으로 하나님께 순종된 사람으로서 실제로 어떻게 살아갈까를 생각하는가?

지금 이 교훈을 깨닫게 되기 바란다. 당신이 할 수 없다고 여길 때 바른 길에 서 있는 것이다.

이러한 자세로 하나님 앞에서 이렇게 말하자.

"하나님, 제 마음은 절대 순종을 소원하고 즐거워합니다. 그러나 저는 할 수 없습니다. 저에게는 그러한 삶을 살 힘이 없습니다. 저로서는 불가능합니다."

우리가 전적으로 무능할 때 하나님께서 우리 속에 들어오셔서 소망을 갖게 하실 뿐 아니라 또한 행하게 하신다는 것을 깨닫기 바란다.

하나님은 하실 수 있다

이제 두 번째 교훈을 살펴보자.

"사람이 할 수 없는 것을 하나님은 하실 수 있느니라."

바로 앞서 많은 그리스도인들이 "사람으로서는 불가능하다."는 교훈을 배우고서 절망에 빠져 기쁨도, 힘도, 승리도 없는 참담한 신앙생활을 하고 있음을 지적했다. 왜 그럴까? "하나님께는 모든 것이 가능하다."는 또 하나의 진리를 잘 깨닫지 못했기 때문이다.

우리의 매일 신앙생활은 바로 하나님께서 불가능을 가능케 하신다는 사실을 증거하는 것이 되어야 한다. 우리의 신앙생활은 하나님의 전능한 능력으로 불가능이 가능케 되고, 현실화되는 연속이어야 한다. 이것이 바로 그리스도인에게 필요한 것이다. 우리가 경배하는 하나님은 전능하시다. 그러기에 하나님의 능력이 조금만 필요한 것이 아니요, 감히 말하자면 우리가 올바른 길을 가고 그리스도인답게 살기 위해서는 하나님의 전능하신 능력 전부가 필요하다는 것을 깨달아야 한다.

기독교의 총체는 곧 하나님의 전능의 사역이다. 예수 그리스도의 탄생을 보라. 그것은 거룩한 능력의 이적이었다. 마리아에게 "하나님의 모든 말씀은 능하지 못하심이 없느니라"(눅 1:37)고 하셨다. 이것이 하나님의 전능이다. 그리스도의 부활을 보라. 말할 수 없이 큰 하나님의 능력이 그분을 죽음에서 살리셨다고 성경은 가르쳐 주고 있다.

모든 나무는 그것이 움터 나온 뿌리에서 자라야 한다. 300년 된 떡갈나무도 그것이 돋아난 뿌리에서 계속 자랐다. 기독교는 그 근원이 하나님의 전능에 있고, 모든 영혼 안에 그 전능함이 지속되어야 한다. 고차원적인 신앙생활이 가능한 것도 우리 속에서 하나님의 뜻을 이루는 그리스도의 능력을 새롭게 인식하는 데 있다.

이 전능하신 하나님께 나아와 경배드리자. 이것을 깨달았는가? 전능하신 하나님과 친밀한 관계를 가짐으로 당신 안에서 전능한 역사가 이루어짐을 알았는가? 겉으로는 대개 별다른 표가 나지 않는다. 사도 바울이 말했다.

"내가 너희 가운데 거할 때에 약하고 두려워하고 심히 떨었노라 내 말과 내 전도함이 설득력 있는 지혜의 말로 하지 아니하고 다만 성령의 나타나심과 능력으로 하여"(고전 2:3-4).

사람 편에서는 연약함이 있었고, 하나님 편에서는 전능함이 있었다. 경건한 신앙의 삶은 다 그러하다. 이 진리를 보다 잘 깨달을 때, 온 마음을 다해 순종할 때, 전능하신 하나님과 매순간 함께 산다는 것이 얼마나 복된 일인가를 알게 될 것이다.

성경에서 하나님의 전능하심을 배웠는가? 세상을 만드신 것, 어두움에서 빛을 만드신 것, 사람을 만드신 것도 모두 하나님의 전능에서 나온 창조라는 것을 우리는 알고 있다. 그러면 구속의 사역에서도 하나님의 전능하심을 배웠는가?

아브라함을 살펴보자. 그를 부르사 장차 그리스도가 나실 이스라엘의 족장으로 삼으셨을 때 하나님께서는 "나는 전능한 하나님이라 너는 내 앞에서 행하여 완전하라"(창 17:1)고 하셨다. 하나님께서는 아브라함을 연단하셔서 자신이 전능한 자임을 믿게 하셨다. 그리하여 그가 알지 못하던 땅으로 나아갈 때, 수많은 가나안 족속 가운데서 나그네로 살 때, 아무 소망도 없는 노년에 아들을 낳기까지 25년이나 기다렸을 때, 모리아산에서 아들 이삭을 번제로 드리려고 했을 때에도 아브라함은 하나님을 신뢰하고 있었다. 그가 든든한 신앙에 서서 하나님께 영광을 돌린 것은, 하나님이 약속하신 것을 성취하실 수 있는 분이심을 믿었기 때문이다.

우리의 신앙생활이 힘이 없는 이유는, 어느 정도는 스스로 해보려고 하면서 또 하나님의 도우심도 바라기 때문이다. 그래서는 안 된다. 우리 자신은 철저히 무능해지고 하나님이 역사하시게 해야만 하나님께서 영화롭게 역사하실 것이다. 우리가 정말 하나님의 일꾼이 되려면 반드시 이렇게 되어야 한다.

성경을 살펴보자. 모세가 이스라엘 백성을 애굽에서 인도하여 나올 때 어떻게 하였으며, 여호수아가 그들을 가나안으로 인도할 때 어떻게 하였는가? 구약의 모든 하나님의 종들은 불가능을 이루시는 하나님의 전능함을 신뢰했다. 하나님은 오늘도 살아 계시며, 그분은 모든 자녀들의 하나님이시다.

그런데도 우리는 우리 힘을 다하고 하나님은 조금 도와주시는 분으로만 여길 뿐, 하나님께서 원하시는 바를 깨닫지 못하고 있다. 그래서 "제 힘으로는 전혀 불가능하오니 하나님께서 모든 것을 하시옵소서."라는 기도를 드리지 않는다.

이렇게 고백해 보았는가?

"예배나 사역이나 성화의 문제나 하나님께 순종하는 일이나 제가 할 수 있는 일은 아무것도 없습니다. 다만 저는 전능하신 하나님을 경배하며, 하나님께서 매순간 제 속에서 역사하여 주실 줄 믿습니다."

하나님께서 우리에게 이것을 가르쳐 주시길 기도한다. 하나님께서 은혜로 우리에게 온전히 신뢰해야 할 하나님이 어떤 분이신지를, 전능하시며 절대적인 능력으로 모든 자녀들에게 자신을 내어 주시는 분임을 알게 해주실 것이다.

"무릇 사람이 할 수 없는 것을 하나님은 하실 수 있느니라."

예수님의 이 말씀에 "아멘." 하지 않겠는가?

베드로에 대하여 배운 것, 그의 자신만만함, 자아의 힘, 자아의 의지, 주님을 부인한 사실을 기억하라.

'아, 내 속에 자아가 있고 육신이 아직도 나를 지배하고 있구나!' 하는 생각이 든다면, 거기서 구제될 길이 있음을 믿으라. 전능하신 하나님께서 우리 마음속에 그리스도를 계시해 주시고, 성령으로 우리를 다스릴 수 있음을 믿는가? 그리하여 자아가 우리를 지배하지 못하게 됨을 믿는가? 이러한 깨달음을 가지고 회개의 눈물과 깊은 겸비함과 두려움으로 이렇게 외치지 않겠는가?

"하나님, 저는 할 수 없습니다. 사람은 할 수 없습니다. 그러나 주님의 이름에 영광을 돌리오니 하나님은 하실 수 있습니다."

당신은 구원의 확신이 있는가? 지금 하나님의 무한한 사랑의 손에 자신을 송두리째 바쳐 보라. 그분의 사랑이 무한하듯이 그분의 능력도 무한하셔서 새롭게 역사하실 것이다.

하나님이 우리 안에서 역사하신다

다시 완전한 순종의 문제로 돌아와 볼 때, 결국 오늘날 교회는 이 점이 결핍되어 성령으로 충만하지 못하고, 우리는 성령의 일을 위하여 온전히 구별된 자로 살지 못하고, 육신과 자아가 정복되지 못하는 것이다. 우리는 예수님처럼 하나님께 온전히 굴복한다는 것이 무엇인지 전혀 이해하지 못했다. 많은 사람들이 진지하게 "아멘, 절대 굴복에 대한 가르침을 기꺼이 받아들입니다."라고 말하면서도 이렇게 생각한다.

'내가 정말 온전히 내어 맡김의 삶을 살 수 있을까? 하나님을 의지하여 하늘에서나 땅에서나 하나님께 온전히 복종하는 삶을 살 수 있을까?'

형제자매 여러분, "무릇 사람의 할 수 없는 것을 하나님은 하실 수 있습니다."라고 주장해야 한다. 하나님께서는 당신을 들어 쓰실 때 능히 당신으로 하여금 절대 순종하는 사람이 되게 하실 수 있다. 또 하나님께서는 그 순종을 유지시켜 주실 수 있다. 매일 아침 자리에서 일어날 때마다 '나는 하나님의 손에 있다. 나의 하나님이 나를 위해 역사하고 계신다.' 하는 복된 생각을 하게 하신다.

어떤 이들은 성화에 대해 생각하느라 지쳐 있다. 기도하며 간절히 바라며 부르짖었는데도 너무나 까마득해 보인다. 예수님의 거룩하심과 낮아지심이 너무나 멀게 보일 것이다. 참으로 성경적이고 실제적인 성화의 교리는 이렇다.

"사람이 할 수 없는 것을 하나님은 하실 수 있느니라."는 것이다. 하나님은 사람들을 성화시키실 수 있다. 그리고 그분의 전능하고 거룩하게 하는 능력이 매순간 그들을 지켜 주실 수 있다. 바로 지금 하나님께 한 발자국 더 가까이 가기 바란다. 하나님의 빛이 비쳐서 하나님을 더 잘 알게 되기 바란다.

우리 속에 있는 그리스도의 생명에 대해 좀더 말하고자 한다. 그리스도처럼 사는 것, 그리스도를 우리의 구세주와 생명과 힘으로 받아들이는 것에 대해 생각해 보자. 이를 알게 해주시는 분은 하늘에 계신 하나님이시다.

"그의 영광의 풍성함을 따라 그의 성령으로 말미암아 너희 속사람을 능력으로 강건하게 하시오며"(엡 3:16)라고 사도 바울은 기도했다. 믿는 자녀들의 마음속에서 역사하시는 하나님은 전능의 하나님으로서 그리스도가 그들 속에 내주하시는 구주가 되게 하신다. 이 진리를 이해하고 믿으려고 노력했으나 잘 되지 않았을지도 모른다. 이는 "사람으로서는 불가능하나 하나님으로서는 가능하다."는 말씀을 믿지 않았기 때문이다.

마찬가지로 사랑이라는 문제에서도, 새로운 차원에서 사랑이 우리 안에 스며들어야 한다. 우리의 마음이 위에서 온 생명, 영원한 사랑의 원천에서 오는 생명으로 가득 차야 한다. 이것이 온종일 흘러넘치면, 마치 양은 순하고 이리는 사나운 것이 자연스러운 것처럼 우리가 이웃을 사랑하는 것도 자연스러운 일이 될 것이다. 이런 상태에 이를 때면 도저히 좋아할 수 없고 사랑할 수 없는 자를, 나를 미워하고 헐뜯는 자를 더욱 사랑할 수 있게 될 것이다. 이런 상태에 이를 때면 심한 방해와 증오와 배은망덕에 대해 더 큰 사랑의 개가를 울릴 것이다.

이 진리를 바로 깨달을 때 "사람은 할 수 없다."고 말하지 않게 된다. 참으로 "이 사랑에 대한 말씀은 내 힘으로는 도저히 미칠 수 없는 것이다. 절대 불가능하다."라고 말할 때, 우리는 하나님께 나아와서 "하나님은 하실 수 있습니다."라고 말할 수 있게 된다.

어떤 사람들은 하나님께 큰 부흥을 위해 부르짖는다. 이는 끊임없이 간구하는 내 마음의 기도다. 진실로 하나님께서 믿는 백성들을 새롭게 소생시켜 주신다면 말이다. 나는 교회 내의 형식주의자들이나 신앙심이 없거나 회의적인 자들이나 온갖 비참하게 멸망해 가는 무리들을 맨 먼저 생각지는 않는다. 무엇보다도 먼저 "하나님이여, 하나님의 교회, 하나님의 백성을 소생시키소서."라고 기도한다.

숱한 사람들이 거룩과 성별(聖別)을 간구하는 것은 결코 헛된 일이 아니다. 그것은 하나님의 능력이 나타날 전조다. 하나님께서는 소원을 두고 행하게 하신다. 그러한 간구는 하나님께서 소원을 갖게 하시는 증거다. 나아가서 전능하신 하나님이 백성 가운데서 그들이 간구한 것 이상으로 행하실 것을 확실히 믿자.

사도 바울은 말한다.

"우리 가운데서 역사하시는 능력대로 우리가 구하거나 생각하는 모든 것에 더 넘치도록 능히 하실 이에게 교회 안에서와 그리스도 예수 안에서 영광이 대대로 영원무궁하기를 원하노라"(엡 3:21).

우리도 이렇게 고백하자.

"우리가 구하고 생각하는 것 이상으로 능히 하실 전능의 하나님께 영광을 돌릴지어다."

"무릇 사람이 할 수 없는 것을 하나님은 하실 수 있느니라."

우리는 죄와 슬픔에 둘러싸여 있고, 거기에 마귀가 있다. 그러나 그리스도께서 보좌에 앉아 계심을 기억하라. 그분은 더 강한 분이시고, 이미 정복하셨고, 앞으로도 계속 정복하실 것이다. 하나님을 기다리자.

"사람이 할 수 없는 것"이란 말은 우리를 낮추지만, "하나님은 하실 수 있느니라."는 말은 궁극적으로 우리를 높이 올려 준다. 하나님께 연결되도록 하라. 우리 자신의 삶뿐 아니라 우리에게 맡겨진 모든 영혼들을 위해, 전능하신 하나님을 경배하며 신뢰하라. 하나님의 전능하심을 높이는 일을 기도에서 빠뜨리지 말라.

"전능하신 하나님, 하나님의 전능하심을 믿나이다."라고 아뢰어 보라. 그때 응답이 있을 것이다. 당신은 아브라함처럼 신앙의 장부가 되어 하나님께 영광을 돌리게 될 것이다. 참으로 하나님이 약속하신 것을 신실하게 성취하실 수 있는 분임을 믿기 때문이다.

Chapter 6

죄로부터 과감히 떠나라

"오호라 나는 곤고한 사람이로다 이 사망의 몸에서 누가 나를 건져 내랴 우리 주 예수 그리스도로 말미암아 하나님께 감사하리로다"(롬 7:24-25).

이 말씀은 로마서에 기록되어 있다. 7장 끝에 기록되어 8장으로 들어가는 문이 되고 있다. 로마서 8장 1-16절에서는 성령님의 이름이 여러 번 언급된다. 여기에 하나님의 자녀가 성령의 능력으로 누릴 수 있는 삶에 대해 기록되어 있다.

8장 2절은 "이는 그리스도 예수 안에 있는 생명의 성령의 법이 죄와 사망의 법에서 너를 해방하였음이라"는 말씀으로 시작한다. 여기서부터 바울은 더 나아가 하나님의 성령으로 인도함을 받는 하나님 자녀의 크나큰 특권을 말해 준다. 이 모든 것의 대문은 7장 24절에 있다.

"오호라 나는 곤고한 사람이로다!"

이것은 자신의 종말에 이른 사람의 말이다. 앞 절에서 그는 자신의 힘으로 하나님의 거룩한 법을 지키려고 노력했는데 실패했다고 말한다. 그는 자문자답하고 있다.

"우리 주 예수 그리스도로 말미암아 하나님께 감사하리로다."

여기서부터 계속해서 자기가 발견한 구제책을 설명해 간다.

바울은 이 구절들을 가지고 어떻게 사람이 노예 상태에서 벗어나 자유인의 상태가 될 수 있는지를 말하고자 한다.

"너희는 다시 무서워하는 종의 영을 받지 아니하였다."고 분명히 기록하고 있다. 다시 종의 상태로 되돌아간다는 것은 신앙생활에 커다란 위험이 됨을 누누이 경고한다.

하나님의 자녀가 이 종의 멍에에서 벗어나 영화로운 자유에 이르는 길에 대해 말해 주고 있다. 먼저 이렇게 고백하는 사람이 어떤 사람인지 알아보자.

첫째, 이 말들은 중생한 사람의 말이다. 둘째, 무력한 사람의 말이다. 셋째, 곤고한 사람의 말이다. 넷째, 온전한 자유의 가장자리에 있는 사람의 말이다.

중생한 사람

로마서 7장 14-23절 말씀에 보면 중생한 증거를 분명히 알 수 있다.

"그것을 행하는 자가 내가 아니요 내 속에 거하는 죄니라."

이는 중생한 사람, 즉 자기의 마음과 성품이 새로워졌음을 알고, 자기 속에 있는 죄가 자기 자신이 아니라 자기 안에 있는 어떤 힘이라는 것을 아는 사람의 말이다.

"내 속사람으로는 하나님의 법을 즐거워하되."

이 또한 중생한 사람의 말이다. 그는 악을 행하고도 담대하게 "그것을 행하는 자가 내가 아니요 내 속에 거하는 죄니라."고 말한다. 이것을 이해하는 것이 매우 중요하다.

이 서신을 크게 나누었을 때, 처음 두 부분에서 바울은 칭의와 성화를 다룬다. 칭의에 대하여 말할 때, 그는 죄를 단수가 아니라 복수로 보고, 즉 실제로 범하는 죄들을 놓고 죄론(罪論)을 펼친다. 두 번째 부분인 5장에서는 죄를 논하는데, 이때 죄는 실제적인 범죄가 아니라 하나의 세력을 가리킨다. 아마 로마서에서 7장의 뒷부분이 없었더라면, 바울이 신자의 죄에 대한 이 중요한 질문을 그의 가르침에서 생략했더라면, 우리에게 실로 큰 손실이 있었을 것이다. 신자 안에 있는 죄에 관한 해답을 찾지 못하고 말았을 것이다. 그 해답은 무엇인가? 중생한 사람은 그 속의 의지가 새롭게 변화되어 "내 속사람으로는 하나님의 법을 즐거워한다."고 말할 수 있다.

무력한 사람

많은 그리스도인이 범하기 쉬운 오류가 있다. 곧 의지가 새로워지면 그걸로 충분하다고 생각하는 것이다. 그러나 사실은 그렇지 않다. 중생한 사람은 "내가 원하는 바 선을 행하려고 하지만 그렇게 할 힘이 없구나."라고 말한다. 사람들은 결심만 단단히 하면 뜻한 바를 이룰 수 있다고 한다. 본문의 사람도 어느 누구 못지않게 단단히 각오를 했었지만, 다음의 고백을 하게 된다.

"원함은 내게 있으나 선을 행하는 것은 없노라."

어떤 사람은 이렇게 물을지도 모른다.

"어째서 하나님은 중생한 사람이 그런 고백을 하게 하실까? 바른 의지와 선을 행하려는 마음과 최선을 다하여 하나님을 사랑하려는 소원이 있는데도 말이다."

다음의 질문을 생각해 보자. 하나님이 우리에게 의지를 주신 목적이 무엇인가? 자기의 의지를 따라 타락한 천사들도 바로 설 힘이 있었던가? 결코 없었다. 피조물의 의지라는 것은 그 속에 하나님의 능력이 구현되는 빈 그릇일 뿐이다. 피조물은 마땅히 하나님 안에서 모든 것을 찾아야 한다.

빌립보서 2장을 생각해 보았는가? 바로 그 내용이 여기에도 있다. 하나님께서는 자기의 기쁘신 뜻을 위하여 우리 속에 소원을 두고 행하게 하신다. 언뜻 보면 이 사람은 마치 "하나님은 내 속에서 행하게 하지 않으셨다."고 말하는 듯하다. 그러나 분명히 하나님은 우리에게 의지와 행동을 주신다. 자칫 모순되는 것처럼 보이는 이 양자가 어떻게 조화될 수 있을까?

이 구절(롬 7:6-24)에서 성령의 이름은 한 번도 나오지 않으며, 그리스도의 이름도 나오지 않는다. 그러나 이 사람은 하나님의 법을 성취하려고 애쓰고 있다. 성령과 그리스도는 언급되지 않고 율법만 20회나 언급되어 있다. 그리고 그리스도인이 새로 중생된 의지를 가지고 하나님의 법에 순종하려고 최선을 다하고 있다. 그뿐만이 아니다. "내가", "나는", "나를", "나의" 등, "나"라는 말이 30회도 넘게 나온다. 중생한 내가 성령으로 충만하지 못한 무력한 상태에서 율법을 지키려는 것이다. 성도라면 거의 경험하는 바이다. 회심한 후 그는 최선을 다해 보지만 실패한다. 그러나 완전한 깨달음에 이를 때에는 실패할 리가 없다. 회심할 때 성령의 충만함을 받았다면 전혀 실패하지 않는다.

이러한 실패를 통하여 하나님은 중생한 자로 하여금 자신의 전적인 무능함을 깨닫게 하신다. 이런 분골쇄신의 과정에서 자신의 완전한 타락상을 보게 된다. 이런 식으로 하나님은 자신의 자녀들을 다루신다. 스스로 애쓰고 힘쓰면서 하나님의 법을 성취하려고 노력하다가 결국 "나는 하나님의 중생한 자녀인데도 하나님 아버지의 법을 전혀 순종할 힘이 없구나."라고 고백하는 데까지 이르게 하신다.

이러한 상태를 묘사하려고 7장 전체가 다음과 같은 강한 어조를 띠고 있다.

"나는 육신에 속하여 죄 아래 팔렸도다"(14절).

"내 지체 속에서 한 다른 법이 내 마음의 법과 싸워 내 지체 속에 있는 죄의 법으로 나를 사로잡는 것을 보는도다"(23절).

그러다가 드디어 "오호라 나는 곤고한 사람이로다 이 사망의 몸에서 누가 나를 건져 내랴."고 말한다. 깊은 회개와 통회의 늪에 엎드러져 있는 사람은 실로 하나님의 법을 전혀 순종할 수 없는 사람이다.

곤고한 사람

이 고백을 하는 사람은 중생한 무력한 사람일 뿐 아니라 곤고한 사람이다. 그는 참으로 불행하고 비참하다. 그를 그토록 비참하게 만드는 것은 도대체 무엇일까? 하나님은 원래 하나님을 사랑하는 본능을 주셨기 때문이다. 그는 자기가 하나님께 순종하지 않는다는 것을 알기 때문에 극심한 곤고에 빠지는 것이다.

그래서 미어지는 마음을 안고서 "이를 행하는 자는 내가 아니지만, 내가 무서운 죄의 세력 아래 있어 그것이 나를 사로잡는구나. 나이면서 내가 아니라니! 오! 그것은 나 자신이로다. 나 자신이 죄의 세력에 너무나 가까이 있고, 내 본성이 죄의 세력에 얽혀 있구나."라고 부르짖는다.

그러다가 "오호라 나는 곤고한 사람이로다!"라고 진심으로 말할 수 있는 사람은 복이 있다. 그런 사람은 로마서 8장에 언급된 상태에 있는 것이다.

이 고백을 죄의 구실로 삼는 사람도 많다. 그들은 사도 바울도 이렇게 약하고 무능한 상태를 고백하였으니 어떻게 그보다 더 나아지려고 힘쓰겠냐고 말한다. 그리하여 거룩함에 대한 문제는 접어 두고 만다. 우리 한 사람 한 사람이 여기 기록된 본래의 정신을 가지고 이 말을 할 수 있었으면 좋겠다.

참으로 죄가 하나님이 미워하시는 가증한 것임을 알았다면, 이 말씀을 읽을 때 주춤하지 않을까? 범죄에 범죄를 계속하는 신자마다 이 구절을 마음에 새길 수 있기를 바란다.

"오호라 나는 곤고한 사람이로다!"라는 말을 두고두고 고백하도록 하라. 화가 날 때마다 꿇어앉아 하나님은 자녀가 그런 상태로 머물러 있기를 원치 않으신다는 것을 깨닫게 되기를 바란다. 이 말씀을 매일 생각하여 자신의 명예가 손상될 때마다, 사나운 말이 나올 때마다, 하나님께 범죄할 때마다, 지극히 자신을 낮추어 순종하사 자신을 내어 주신 예수 그리스도께 범죄할 때마다 그런 고백을 할 수 있었으면 좋겠다. 다른 모든 것은 잊고 오로지 "오호라 나는 곤고한 사람이로다 누가 이 사망의 몸에서 나를 건져 내랴?" 하고 절규할 수 있기를 바란다.

범죄할 때마다 이렇게 말해야 할 이유가 무엇인가? 이 고백을 하게 될 때 구원이 가까이 있기 때문이다.

또한 그의 곤고함은 단지 무력하거나 죄의 포로가 되었음을 깨닫는 데 있지 않고, 무엇보다도 자기가 하나님께 범죄하였다는 것을 깨닫는 데 있다는 것을 기억하기 바란다. 율법이 하는 일은 그의 눈에 죄로 심히 죄 되게 하는 것이다. 끊임없이 하나님을 슬프게 한다는 사실이 너무나 참을 수 없어 "오호라 나는 곤고한 사람이로다!" 하고 뼈에 사무치는 절규를 한다.

우리가 무력함과 실패만을 얘기하고 따진다든지 로마서 7장의 뜻만 찾으려고 한다면 별다른 유익을 얻지 못할 것이다. 오직 모든 죄를 이 곤고하다는 점에서 새롭게 꿰뚫어 볼 때, 자신의 상태가 도저히 어쩔 수 없으며 실제로 극악한 죄 덩어리임을 깨달을 때, "누가 나를 건져 내랴?"고 말할 뿐 아니라 "우리 주 예수 그리스도로 말미암아 하나님께 감사하리로다."라고 말하지 않을 수 없다.

온전한 자유의 가장자리에 있는 사람

이 사람은 훌륭한 하나님의 법에 순종하려고 무진 애를 썼다. 그 법을 사랑하며 자기 죄를 통회하며 죄를 정복하려고 노력하며 연속적인 실패를 극복하려고 하였지만 번번이 실패로 끝나고 말았다.

"이 사망의 몸"이란 무엇을 말할까? 우리가 죽을 때의 몸을 말하는 것일까? 물론 아니다. 여기에 대한 대답이 8장에 있다.

"영으로써 몸의 행실을 죽이면 살리니"(13절).

이것이 곧 그가 구제받기를 원하는 사망의 몸이다.

드디어 그는 구원의 가장자리에 이르렀다. 7장 23절에는 "내 지체 속에서 한 다른 법이 내 마음의 법과 싸워 내 지체 속에 있는 죄의 법으로 나를 사로잡는 것을 보는도다"라고 기록되어 있다.

"오호라 나는 곤고한 사람이로다 이 사망의 몸에서 누가 나를 건져 내랴."

이는 포로의 절규다. 그는 자신이 얽매여 있다는 것을 아는 자다. 그런데 8장 2절과 대조해 보라.

"그리스도 예수 안에 있는 생명의 성령의 법이 죄와 사망의 법에서 너를 해방하였음이라." 곧 우리 주 예수 그리스도를 통한 구원이다. 성령께서 그 포로에게 가져다 주시는 자유다. "그리스도 예수 안에 있는 생명의 성령의 법"이 해방시켜 준 사람을 계속 가두어 놓을 수 있을까?

그러나 여러분은 이 중생한 사람이 6장에서 예수님의 영을 소유하지 않았느냐고 반문할 것이다. 그렇다. 그는 성령이 그를 위하여 무엇을 하실 수 있는지는 몰랐다.

하나님이 성령으로 역사하실 때는 자연을 운행하시듯이 하시지 않는다. 하나님은 백성을 이성이 있고 지각이 있는 존재로 인도하시기 때문에, 약속하신 성령을 주실 때에도 먼저 우리 자신이 한계점을 느끼고 그의 법에 순종하려고 무진 애를 쓰더라도 실패하고 만다는 확실한 깨달음에 이르게 하신다. 그러한 한계점에 이를 때 비로소 하나님은 성령 안에 순종할 힘이 있음을 보여 주신다. 승리할 수 있는, 진정한 성화를 이룰 힘이 있음을 보여 주시는 것이다.

하나님께서는 우리로 소원을 갖게 하실 뿐만 아니라 행하게 하신다. 그런데 많은 신자들이 이것을 깨닫지 못하고 의지만 가지고 있으면 충분한 줄 안다. 그리고 할 수 있는 줄 안다. 그러나 그렇지 않다. 새 의지는 영원한 은사요, 새 성품의 한 속성이다. 그러나 행할 힘은 영원한 은사가 아니요, 매순간 성령으로부터 받아야 하는 것이다. 신자이면서 자신의 무력함을 인식하는 사람이 곧 성령으로 말미암아 거룩한 생활을 할 수 있음을 배우게 될 것이다. 이 사람은 그 큰 구원의 순간에 있다. 그의 앞에는 영화로운 8장이 열려 있다.

이제 엄숙하게 묻고 싶다. 당신은 어디쯤에 살고 있는가? "오호라, 나는 곤고한 사람이로다! 누가 나를 건져 내랴?"라는 절규가 있는가? 때때로 성령의 능력을 어느 정도 체험하는가? 아니면 "주 예수 그리스도로 말미암아 하나님께 감사하리로다. 성령의 법이 죄와 사망의 법에서 나를 해방시키셨구나!"라고 말하는가?

성령께서는 승리를 주는 일을 하신다.

"영으로써 몸의 행실을 죽이면 살리니."

이 일을 성령께서 하시고 있다. 삼위일체 하나님의 제 삼위께서 하시는 것이다. 마음을 활짝 열고 영접하면 날마다, 매시간, 매순간 그분이 들어오셔서 내주하시면서 다스리고 몸의 행실을 죽이신다.

이제 요점을 정리해 보겠다. 우리가 할 일은 결단과 행동이다. 성경에는 두 부류의 신자가 있다. 로마서, 고린도전후서, 갈라디아서에서는 육신대로 사는 사람들에 대해 말하고 있다. 수많은 신자들의 삶이 이러하다. 성령 안에서 기쁨이 없음도, 성령께서 주시는 자유가 없음도 육신대로 살기 때문이다. 성령께서 내재하심에도 불구하고 육신이 그의 삶을 지배하는 것이다. 하나님의 성령의 인도를 받는 일이 무엇보다 긴요하다.

하나님의 자녀라면 누구나 영존하시는 하나님께서 그 사랑하는 아들 예수 그리스도를 주신 뜻을 깨달아야 한다. 그분이 우리를 매일 지켜보신다. 우리가 할 일은 그분을 신뢰하는 것이다. 성령은 매순간 예수님을 기억나게 하시며, 예수님을 신뢰하게 하신다. 매순간 주님과 단절되지 않게 지켜 주신다. 성령을 주신 하나님께 진정 감사드린다.

우리는 성령을 특별한 때, 특별한 사역자들과 종들만을 위하여 계신 분으로, 분에 넘치는 분으로 생각하기 쉽다. 그러나 사실 성령은 모든 신자에게 매일 매순간 필요한 분이다. 이미 성령이 우리 속에 내재하심을 찬송하며, 우리를 죄의 권세에서 해방시키심으로써 그리스도의 완전한 구원을 체험하게 하심을 찬송한다.

성령의 능력과 자유를 누리기 원하는가? 한마디 최종적인 절망의 부르짖음으로 하나님 앞에 엎드리라.

"오 하나님, 제가 영원히 이런 식으로 범죄해야 하리이까? 저는 곤고한 사람입니다. 누가 저를 이 사망의 몸에서 구원해 주시리이까?"

하나님 앞에 엎드려 이 같은 절규를 하며, 예수님의 능력이 당신 안에 거하며 역사하여 주시도록 간구할 준비가 되어 있는가? 그리하여 "우리 예수 그리스도로 말미암아 하나님께 감사드리나이다."라고 말할 수 있는가?

교회나 집회에 참석하며, 성경을 배우고, 기도하면서도 우리의 삶이 성령으로 충만하지 않다면 무슨 소용이 있겠는가? 하나님께서는 그러한 삶을 기대하신다. 그것을 제외하고는 그 무엇도 능력과 평강의 삶을 살게 할 수 없을 것이다.

목사님이나 부모님이 요리문답을 물으면 당연히 대답을 해야 한다. 그런데 "오호라 나는 곤고한 사람이로다 이 사망의 몸에서 누가 나를 건져 내랴?"는 물음으로만 만족하고 대답할 줄 모르는 신자가 얼마나 많은지 모른다. 대답은커녕 침묵하고 있는 신자도 많다. "우리 주 예수 그리스도로 말미암아 하나님께 감사하리로다."라고 말하기는커녕 대답이 없는 질문만 자꾸 되풀이한다.

참으로 그리스도의 완전한 구원과 성령의 자유와 하나님의 자녀의 영광스러운 자유를 얻으려면 로마서 7장 전체를 음미하고 "우리 주 예수 그리스도로 말미암아 하나님께 감사"하라. 언제까지나 고민하지만 말고 "곤고한 자이던 내가 예수 그리스도로 말미암아 하나님께 감사드리나이다. 모든 것을 환히 보지 못할지라도 나는 하나님을 찬양하나이다."라고 말하게 되기를 진심으로 바란다.

Part
3

하나님을
온전히 좇으라

Follow

Absolute Surrender

Chapter 7
성령님의 능력에 전적으로 기대라

"너희가 이같이 어리석으냐 성령으로 시작하였다가 이제는 육체로 마치겠느냐"(갈 3:3).

내가 말하고자 하는 것은 갈라디아서 3장 3절이다. 2절부터 읽어 보자.

"내가 너희에게서 다만 이것을 알려 하노니 너희가 성령을 받은 것이 율법의 행위로냐 혹은 듣고 믿음으로냐 너희가 이같이 어리석으냐."

다음으로 본문이 나온다.

"성령으로 시작하였다가 이제는 육체로 마치겠느냐."

우리의 신앙생활이 새로워진다거나 깊어진다거나 강건해지는 것에 대해 말할 때는, 약하고 그릇되며 죄 많은 것을 생각하게 된다. 그리하여 우리의 처지를 하나님께 내어 놓고 자복하게 된다.

"오 하나님, 저의 신앙생활이 바람직하지 못합니다."

우리의 마음에 이런 은혜를 내려 주시기를 소망한다.

오늘날의 교회를 살펴볼 때 너무나 많은 연약함과 실패와 죄와 허물이 보인다. 우리는 다음과 같은 질문을 하지 않을 수 없다. 왜 그럴까? 오늘날의 교회가 이렇게 저조하게 나아가야 하는가? 하나님의 백성으로 언제나 하나님을 즐거워하고 하나님의 능력 속에서 사는 것이 실제로 가능할까?

믿는 자라면 과연 그렇다고 대답할 수 있어야 한다.

그때 커다란 의문이 생긴다. 하나님의 교회가 왜 그렇게 약한가? 대부분의 신자들은 왜 그들이 받은 특권을 누리며 살지 못하는가?

여기에는 분명한 이유가 있다. 하나님께서는 이미 그리스도를 모든 믿는 자의 목자로 세우셔서 항상 임재해 계시게 하였고, 그리스도 안에서 모든 은혜를 입으며 누리도록 하셨다. 하나님은 분명히 그 아들을 주셨으며 성령을 주셨다.

그럼에도 불구하고 믿는 자가 그 모든 은혜에 합당하게 살지 못함은 무엇 때문일까?

적어도 한 군데 이상의 서신서에서 이 질문에 대한 대답을 발견하게 된다. 바울은 교인들에게 이렇게 말했다.

"너희가 더욱 자라며 더욱 풍성하며 더욱 강건하여지기를 바라노라."

그들은 어린아이 같아서 신앙에 부족한 점이 많았는데도 그들의 상태가 만족스러웠기 때문에 사도 바울에게 큰 기쁨을 주었다.

그러기에 그 후에도 "더욱 은혜에 풍성해지며 더욱 강건하여지기를 기도하노라."고 썼다.

하지만 다른 서신에서는 어조를 전혀 달리했는데, 특별히 고린도전후서와 갈라디아서다. 바울은 여러 모로 그들이 마땅히 살아야 할 신자로서의 삶을 살지 못한다고 했다. 그 이유는 육신의 세력 아래 있기 때문이라고 지적했다. 본문은 그 한 가지 예다. 바울은 그들에게 믿음을 전함으로써 그들이 성령을 받았음을 상기시켰다. 그는 그들에게 그리스도를 전했으며, 그들은 그리스도를 받아들였고 능력의 성령을 받아들였다.

그런데도 어떻게 되었는가? 성령으로 시작했으면서도 성령께서 시작하신 일을 그들 스스로의 노력으로, 육체로 성취하려고 했다. 고린도후서에서도 동일한 교훈을 발견할 수 있다.

여기에서 오늘날의 교회 내에 얼마나 크나큰 결핍이 있는지를 발견하게 된다. 하나님께서는 그리스도의 교회가 성령의 능력으로 살 것을 촉구하신다. 그런데 교회는 자꾸 육신의 힘으로 살고, 하나님의 성령과는 동떨어져서 자신의 의지와 힘과 노력으로 살려고 한다. 많은 신자들의 경우도 그렇다.

하나님께서 우리에게 주신 메시지는 바로 이것이다.

"참으로 교회가 그 힘과 도움이 성령으로부터 나옴을 깨닫게 된다면, 모든 것을 포기하고 온전히 성령 충만해지기만을 바란다면, 교회의 아름다움과 기쁨이 되살아나서 우리 가운데 하나님의 영광이 나타남을 보게 될 것이다."

또 모든 개개인의 신자들에게 하고 싶은 말도 이것이다.

"매일매일 성령의 능력 아래서 살아야 함을 깨닫지 못한다면 아무것도 소용이 없다."

하나님께서는 당신 속에서 매순간 성령의 능력이 나타나게 되기를 바라시며 또한 이를 가능케 해주실 것이다.

이제 갈라디아서 말씀이 주는 아주 단순한 교훈을 배우자. 이 말씀이 가르치는 것은 다음과 같다.

첫째, 신앙생활의 시작은 성령을 받는 데 있다.

둘째, 육신을 따라 살지 않고 성령을 좇아 사는 것을 망각해 버릴 위험성이 언제든지 있다.

셋째, 육신으로 마치려고 하였을 때 생기는 결과와 증거들.

넷째, 이런 상태에서 구원을 얻는 길을 보여 준다.

성령을 받음

바울은 먼저 "성령으로 시작하였다가"라고 말한다. 바울은 믿음으로 의롭다 함을 얻는 것뿐만 아니라 그 이상의 것을 전한다. 그가 전한 내용은 그의 모든 서신에서 볼 수 있는데, 의롭다 함을 받은 자는 오직 성령으로만 살 수 있다는 것과 의롭다 함을 받은 모든 사람에게 하나님께서 성령으로 인을 치신다는 내용이다. 그는 다음과 같이 말했다.

"너희가 성령을 받은 것이 율법의 행위로냐 혹은 듣고 믿음으로냐"(갈 3:2).

그는 그들이 과거에 자기의 가르침을 받고 놀랍게 각성했던 사실을 지적한다. 하나님의 능력이 나타나자 갈라디아 교인들은 진심에서 우러나는 고백을 하였다.

"우리는 성령을 받았습니다. 믿음으로 그리스도를 받아들임으로써 성령을 받았습니다."

그런데 지금 염려되는 것은 많은 그리스도인이 믿을 때 성령을 받았다는 사실을 잘 모르고 있다는 것이다. 그들은 "나는 용서를 받았고 평화를 누립니다."라고 말할 수 있다.

그러나 "성령을 받았습니까?"라고 물으면 머뭇거리거나, 설사 그렇다고 말할 경우에도 약간 주저하며 말한다. 그러면서 성령의 능력으로 행한다는 것이 무슨 뜻인지 잘 모르겠다고 말하곤 한다.

이제 이 위대한 진리를 함께 생각해 보려고 한다. 진정한 신앙생활은 성령을 받음으로써 시작된다. 모든 그리스도의 종들은 바울 사도처럼 교인들에게 성령을 받은 사실과 성령의 인도와 능력으로 살아가야 할 것을 가르쳐야 한다.

성령의 능력을 받았던 갈라디아 교인들이 성령으로 시작하였다가 육신으로 마치려 하는 무서운 위험에 빠져들었다면, 오늘날 성령을 받은 줄도 모르거나 이를 신조 정도로만 알고 있는 신자들이 당면한 위험은 얼마나 클지 모르겠다.

성령을 무시함

이제 두 번째로, 더 큰 위험을 살펴보자.

철도에서 기차의 선로를 바꾸는 것을 잘 알 것이다. 객차를 단 기관차가 선로를 달리다가 어느 지점에 이르러서는, 아직 선로가 정식으로 개통되지 않은 구간일 경우에 기차의 선로를 오른쪽이나 왼쪽으로 옮겨 주어야 한다. 만약 그 일이 캄캄한 밤에 일어났다면, 기차가 그릇된 방향으로 가는데도 기차를 탄 사람들은 상당한 거리를 달린 후까지도 그것을 모를 수가 있다.

이와 같이 하나님께서는 이러한 의도에서 믿는 자들에게 성령을 주셔서 일생 동안 매일 성령의 능력을 좇아 살도록 해주셨다. 누구든지 단 한 시간이라도 성령의 능력 없이는 경건한 생활을 할 수 없다. 소위 사람들이 말하는 올바르고 일관성 있고 나무랄 데 없는, 덕이 있고 근면 성실한 삶을 살 수는 있을 것이다. 그러나 하나님께서 받으실 만한 삶, 하나님의 구원과 사랑을 즐거워하여 새로운 생명의 능력을 좇아 살려면 매일 매시간 성령의 인도를 받아야만 한다.

이런 삶에는 항상 위험이 도사리고 있다. 갈라디아 교인들은 성령을 받았으면서도 성령으로 시작하였다가 육체로 마치려 했다. 왜 그랬을까? 할례를 강조하는 유대주의 교사들의 잘못된 교훈을 받아들였기 때문이다. 그들은 외적인 의식을 준수함으로써 그저 종교적인 생활을 추구했다. 바울은 그들에게 할례를 베푼 교사들을 향하여 "육체로 자랑하는 자들"이라고 표현했다.

"종교적인 육신"(religious flesh)이란 말을 들어 보았는가? 나의 인간성, 나의 의지, 나의 노력이 나의 종교 생활에서도 얼마든지 나타날 수 있다. 그러기에 믿게 된 후라도, 성령을 받은 후라도 나 스스로의 인간적인 노력으로 하나님을 섬기려 할 수 있다는 것이다.

내가 부지런히 많은 일을 할지라도 그것이 하나님의 일이 아니라 인간의 육신의 일일 수 있다. 이런 사람은 자기도 모르는 사이에 성령의 선로에서 벗어나 육신의 선로로 잘못 이탈될 수 있다. 그가 아무리 근면하고 굉장한 희생을 한다 할지라도 어디까지나 인간의 의지력으로 한 것에 불과하다.

우리의 신앙생활이 성령의 능력으로 살기보다는 육신의 힘으로 산 것은 아닌지 스스로 반성하며 하나님 앞에서 늘 물어보아야 한다.

어떤 사람이 열심히 전도를 하거나, 기독교 사역자로서 성실하게 일하여 다른 사람들에게 그가 큰 희생을 하고 있다고 인정받는다고 할지라도, 거기에 무엇인가 결핍되었음을 느낄 수 있다. 당신은 그가 영적인 사람이 아님을, 그의 생활에 뭔가 영적인 힘이 부족하다는 것을 곧 알아챌 것이다.

"그 사람은 정말 영적인 사람이야!"라는 말을 듣지 못하는 그리스도인들이 너무도 많다. 바로 여기에 오늘날 교회의 약점이 있다. 한마디로 육신에 속해 있기 때문이다.

육신은 여러 가지 형태로 나타난다. 육신의 지혜로도 나타난다. 나의 지성이 종교적으로 가장 활발히 움직일 수도 있다. 설교를 하거나, 글을 쓰거나, 사색을 하거나, 묵상을 하거나, 하나님의 말씀과 하나님 나라의 일에 흔쾌히 몰두할 수 있다. 그런데도 성령의 능력이 현저히 결여될 수 있다.

오늘날 교회마다 설교가 넘쳐나고 있는데, 회개를 불러일으키는 힘은 왜 이렇게 미약할까? 사역은 많이 하지만, 사역의 결과는 왜 늘 만족스럽지 못할까? 어째서 교인들을 거룩하게 세우는 일에 설교가 강력한 힘을 발휘하지 못할까? 그 대답은 바로 성령의 능력의 결여 때문이다. 어째서 그럴까? 성령께서 차지하셔야 할 자리를 인간의 노력과 육신이 차지하고 있기 때문이다.

갈라디아 교회도, 고린도 교회도 그러했다. 바울이 그들에게 한 말을 보자.

"내가 신령한 자들을 대함과 같이 너희에게 말할 수 없어서 육신에 속한 자 곧 그리스도 안에서 어린아이들을 대함과 같이 하노라"(고전 3:1).

바울이 그의 서신들에서 얼마나 자주 육신적인 분쟁과 파당을 책망하고 정죄했는지 잘 알 것이다.

성령의 열매를 맺지 못함

세 번째로 생각할 것은 교회나 개개인의 신자가 육신의 힘으로 하나님을 섬기는 것, 성령으로 시작된 일을 육체로 마치려는 징조나 증거는 어떤 것들인가 하는 점이다.

대답은 간단하다. 종교적인 자기 노력은 언제나 죄 많은 육신으로 끝난다. 갈라디아 교인들의 상태는 어떠했는가? 율법의 행위로 의롭다 함을 받으려고 애썼다. 그러면서도 그들은 서로 싸우고 헐뜯었다. 그들에게 사랑이 부족함을 바울이 몇 가지로 표현했는지 살펴보자. 아마 12가지도 넘을 것이다. 시기, 분쟁 등 온갖 종류의 표현들이 나온다. 4장과 5장에서 그것에 대해 말한 부분을 읽어 보라. 그들이 얼마나 자신들의 힘으로 하나님을 섬기려고 했는지, 얼마나 철저히 실패했는지를 보게 된다. 이 모든 종교적인 노력은 실패로 끝났다. 죄와 죄 많은 육신의 힘이 그들을 잡고 있어서, 그들의 상태는 상상할 수 없을 정도로 비참했다.

이제 이러한 사실을 진지하게 돌아보아야 한다. 심지어 믿는 신자들까지도 오늘날 교회 안에 높은 수준의 순결과 경건이 결여되어 있다고 지적한다.

언젠가 상도덕(商道德)에 대한 설교를 들은 일이 있다. 하지만 상도덕이니 부도덕이니를 이야기하기 전에, 먼저 우리들의 모습을 돌아볼 필요가 있다. 우리 믿는 자들의 가정은 어떤가? 하나님의 자녀로 부르신 우리들의 삶은 괜찮은가? 성령으로 말미암아 살도록 하셨음에도 여전히 미움과 성냄과 신랄함과 비꼬는 일이 우리에게는 얼마나 많은가? 한 걸음 더 나아가서 교인들 간의 잦은 분쟁과 시기와 질투와 성냄과 교만함은 또 어떠한가? 우리는 이렇게 말하지 않을 수 없다.

"하나님의 어린양의 영이 계시다는 표가 어디 있는 거야."

안타깝게도 이러한 것이 너무나 결여되어 있다.

대개는 이런 일들이 사람의 연약함에 기인한다고 여겨 어쩔 수 없다고들 한다. 이것들이 죄라고는 하면서도 정복할 마음을 포기해 버렸다. 교회에서 이런 일들을 말하긴 하지만 언젠가는 변화될 것이라는 최소한의 가망조차 갖지 못하고 있다.

신자 속에 있는 이런 죄는 육신에서 비롯되며, 우리의 종교적 행위 가운데 있는 육신적 삶과 자기 노력으로 하나님을 섬기려는 데서 나오는 것임을 깨닫고 근본적인 변화가 있기 전에는 아무런 가망이 없을 것이다. 우리가 이러한 점을 고백하고, 깨닫지 않는 한, 어찌하든지 교회가 하나님의 성령의 능력을 되찾기 전에는 계속해서 실패할 수밖에 없을 것이다.

오순절에 교회는 어디에서 시작했는가? 성령 안에서 시작했다. 그런데 그 다음 세기의 교회는 육체로 나아가고 말았다. 그들은 육신적인 노력으로 교회를 온전하게 할 줄 믿었다.

종교개혁이 믿음으로 의롭다 함을 받는 위대한 교리를 회복하였지만, 성령의 능력이 온전히 회복된 것은 아니었다. 이 마지막 때에 하나님께서 교회에 은혜와 긍휼을 베풀어 주실 것을 우리가 굳게 믿는 것은, 성령에 관한 교리와 진리가 연구되고 전심으로 추구된다는 전제하에서이다. 또한 목회자들과 신자들이 온전히 겸비하게 엎드려 하나님의 은혜를 갈망한다는 전제하에 그러한 믿음을 가질 수 있다.

"저희가 하나님의 성령을 슬프게 했습니다. 저희는 하나님의 성령의 능력 없이 하나님의 교회를 세우려고 했습니다. 성령으로 충만한 교회를 추구해 나가지 못했습니다."

교회의 온갖 연약함은 하나님께 온전히 내어 맡기기를 거부한 연고이다. 왜 그렇게 되었는가? 대개는 이렇게 대답할 것이다.

"우리는 너무나 약하고 무력한 데다가 순종하려고 무진 애를 쓰고 맹세까지 했지만, 웬일인지 실패만 했습니다."

사실 우리가 실패하는 것은 하나님의 능력을 받지 않기 때문이다. 하나님만이 우리 속에서 온전히 역사하실 수 있다. 우리가 하나님의 뜻을 이룰 수 있는 것이 아니라, 하나님의 성령께서 하실 수 있다.

이러한 사실을 교회나 신자들이 제대로 깨닫고, 인간의 힘으로 하나님의 뜻을 이루려고 하는 태도를 중단하기까지는 결코 하나님이 원하시는 교회가 될 수 없을 것이다.

성령께 복종함

마지막으로 회복될 길은 무엇일까?

해답은 간단명료하다. 기차의 선로가 바뀌었을 때는 원래 지점으로 다시 되돌아갈 수밖에 없다. 갈라디아 교인들이 회복될 수 있는 길은 그들이 잘못 가기 시작했던 곳으로 되돌아오는 것이다. 자신들의 힘으로 온갖 종교적인 노력을 기울였던 데서 돌이키고, 자기 능력으로 일하여 자신들을 위해 추구하여 나갔던 데서 돌아서 겸손히 성령께 굴복하는 것이다. 우리 개개인에게도 이 외에는 다른 길이 없다.

'나는 여태까지 성령의 능력을 모르고 살아왔구나.'라고 깨닫는 사람이 있는가? 성령의 능력의 지배를 받는 삶이 도대체 어떤 것인지 상상도 못할 것이다. 그것은 너무나 높고 복되고 놀라운 삶이다. 그러나 하나님의 영존하시는 아들께서 이 세상에 오셔서 놀라운 행적을 베푸시고 갈보리에서 죽으셔서 그 보혈로 우리의 구속을 이루신 것같이, 성령께서 우리의 마음에 들어오셔서 그 능력으로 우리를 거룩하게 하시며 하나님의 뜻을 행하게 하시며 기쁨과 능력을 입혀 주실 것이다.

그런데 슬프게도 우리는 이것을 잊어버리고 성령을 근심하게 하며 그분을 영화롭게 하지 못했다. 그리하여 그분이 일을 하실 수 없게 만들었다. 그러나 하늘에 계신 아버지께서는 그의 자녀들을 성령으로 충만케 해주기를 기뻐하신다. 각 사람에게 개별적으로 매일의 생활에서 성령의 능력을 주시기 원하신다. 명령은 각 사람에게 똑같이 하셨다. 하나님께서는 우리가 그분의 자녀로서 그 앞에 나아가 죄를 고하며 하나님의 자비를 구하기를 원하신다.

그런데도 우리는 얼마나 어리석은 자들인가? 성령으로 시작하였다가 육체로 마치려고 하는가? 이 점을 부끄럽게 여겨 하나님 앞에 엎드려 우리의 육신적인 종교 감정과 자기 노력과 자기 과신이 모든 패배의 원인이 되어 왔음을 고백하게 된다.

간혹 초신자들에게 이런 질문을 받는다.

"왜 저는 이렇게 실패합니까? 저는 전심으로 엄숙한 서약을 하고 하나님을 섬기기를 소원했는데, 왜 실패하는 걸까요?"

그런 질문에 대해 나는 이렇게 대답한다.

"형제여, 당신은 오직 그리스도만이 하실 수 있는 일을 당신의 힘으로 하려고 하고 있습니다."

"물론 저는 그리스도만이 그 일을 하실 수 있다는 것을 압니다. 저 자신을 의지하지 않았는걸요."라고 말하면 나는 다시 대답한다.

"당신 자신을 의지했으니 실패한 것입니다. 그리스도를 의지했다면, 그분은 결코 실패할 수 없습니다."

성령으로 시작된 일을 육체로 마치려 한다는 것은 실제로 우리가 아는 것보다 훨씬 더 깊은 의미가 있다. 하나님께 이를 깨닫게 해주시기를 간구하자. 이를 철저히 부끄럽게 여겨 빈 마음으로 나아갈 때 하늘로부터 오는 은혜를 받을 수 있을 것이다.

이제 복음의 사역자들인 우리 스스로에게 물어보자.

"사랑하는 모든 복음 사역자들이여, 당신은 참으로 성령의 능력의 지배 아래 살고 있는가? 참으로 기름 부음을 받아 성령 충만한 자로 하나님의 사역을 하며, 하나님 앞에서 살고 있는가?"

우리의 위치가 실로 막중하다. 우리는 말과 설교가 아니라 생활로써 사람들에게 하나님의 뜻을 보여 주어야 할 사람들이다. 하나님은 우리가 그 일을 할 수 있도록 도와주신다.

만약 우리가 평신도들이라고 하면 이렇게 질문해 보자.

"당신은 참으로 매일 성령의 지배를 받고 사는가? 아니면 성령의 능력 없이 살아가려 하고 있는가? 당신은 참으로 성별되게 성령께 드려졌는가? 그리하여 성령이 당신 속에서 역사하시며 살아 계시는가?"

이제 모든 죄와 혀로 범한 모든 실수와 성령의 능력이 아닌 자신의 능력을 의지함으로 인한 잘못들을 모두 고백하자. 참으로 당신은 성별되어 성령께 드려졌는가? 그렇지 않다면 다시 질문하겠다.

"당신은 참으로 성별되기를 원하는가? 성령의 능력에 자신을 맡기기 원하는가?"

자기 힘으로는 아무리 순종해 봐야 소용없음을 잘 알 것이다. 내 모든 힘을 모아 백 번 순종할지라도 아무 소용없다. 오직 나를 도와주시는 하나님께서 나의 순종을 받으시고 인쳐 주셔야 한다.

지금 성령께 자신을 내어 드리기 원하는가? 지금 할 수 있다. 모든 면에서 불투명하고 이해할 수 없으며 아무런 느낌이 없을지라도 이제 될 것이다. 하나님만이 변화를 일으키실 수 있다. 오직 성령을 주신 하나님만이 성령의 능력으로 우리의 삶을 회복시켜 주실 것이다. 하나님만이 "우리 속사람을 성령으로 강건케 하여" 주실 것이다. 그리고 자기를 부인하고 하나님을 온전히 바라보는 자에게 삶의 해답을 주신다. 축복은 결코 먼 데 있지 않다. 하나님은 기꺼이 우리를 도와주고자 하신다. 우리를 완전케 하실 수 있다. 성령으로 시작했던 일을 육신이 아니라 성령으로 마침내 이루실 것이다.

Chapter

8

하나님의 보호하심을 입어라

"너희는 말세에 나타내기로 예비하신 구원을 얻기 위하여 믿음으로 말미암아 하나님의 능력으로 보호하심을 받았느니라" (벧전 1:5).

베드로전서 1장 5절을 중심으로 말씀을 생각해 보자. 먼저 3-5절을 보자.

"우리 주 예수 그리스도의 아버지 하나님을 찬송하리로다 그의 많으신 긍휼대로 예수 그리스도를 죽은 자 가운데서 부활하게 하심으로 말미암아 우리를 거듭나게 하사 산 소망이 있게 하시며 썩지 않고 더럽지 않고 쇠하지 아니하는 유업을 잇게 하시나니 곧 너희를 위하여 하늘에 간직하신 것이라 너희는 말세에 나타내기로 예비하신 구원을 얻기 위하여 믿음으로 말미암아 하나님의 능력으로 보호하심을 받았느니라."

신자가 구원에 이르도록 보호를 받는 데는 두 가지 놀랍고 은혜로운 진리가 있다. 하나는 하나님의 능력으로 보호받음이요, 또 하나는 믿음으로 보호받음이다. 우리는 양면을 보아야 한다. 하나님 편에서 그 전능하신 능력이 매일 매순간 우리를 보호하시는 것과, 사람 편에서 아무것도 한 것이 없지만 오직 믿음으로 하나님께서 우리를 지키시는 것이다.

우리는 거듭나서 우리를 위하여 하늘에 간직된 기업을 받게 되었다. 또한 지상에서는 하나님의 능력으로 보호를 받고 있다. 보호받는 것도 두 가지다. 나를 위하여 하늘에서 보호받고 있는 기업과, 땅에 있는 내가 그 기업을 받기 위해 보호받는 것이다.

이 가운데 첫 번째 것은 의심의 여지가 없다. 하나님께서 그 기업을 놀랍고도 완전하게 하늘에 간직하셨기 때문에, 그것은 안전하게 대기 중이다. 그리고 동일한 하나님께서 그 기업을 받도록 나를 보호하고 계신다. 이 점을 설명하고자 한다.

어떤 아버지가 자녀들에게 줄 기업을 애써 간직하면서도 장차 그 기업을 받을 자녀들은 보호하지 않는다면 대단히 어리석은 행동이다.

만약 어떤 사람이 모든 시간을 들이고 모든 희생을 감수하면서까지 돈을 모으고 있는데 무엇 때문에 그러느냐고 물었을 때, "자녀들에게 막대한 유산을 물려줄 생각입니다. 그래서 재산을 잘 지키는 중입니다."라고 대답했다고 하자. 자녀 교육은 전혀 시키지 않고 길거리를 배회하게 하여 죄와 무지와 우매한 길로 가게 한다면, 도대체 그 사람을 어떻게 생각하겠는가? 이렇게 말하지 않겠는가?

"참 한심하군. 자녀들에게 줄 유산은 지키면서 그것을 물려받을 자녀들은 잘 지키지 않고 준비시키지도 않다니!"

그리스도인들 중에도 많은 사람들이 이렇게 생각한다.

'나의 하나님이 나를 위해 기업을 간직하고 계시는구나!'

그러나 그러면서도 '나의 하나님이 그 기업을 받을 나를 보호하고 계신다.'는 것은 믿지 못하고 있다. 동일한 능력, 동일한 사랑, 동일한 하나님이 이중의 일을 하고 계신다.

이제 하나님께서 우리에게 행하시는 일, 즉 기업을 얻을 우리를 보호하시는 일에 대해 말하고자 한다. 이미 두 가지 간단명

료한 진리를 말했다. 하나는 하나님 편에서 우리가 그 능력으로 보호받고 있다는 것과 또 하나는 사람 편에서 우리가 믿음으로 보호받고 있다는 것이다.

하나님의 능력으로 보호받음

먼저 하나님 편에서 알아보자. 그리스도인은 하나님의 능력으로 보호를 받는다.

모든 것을 보호하심

먼저 이 보호하심은 모든 것을 포함한다. 무엇이 보호받는가? 당신이 보호받고 있다. 어느 정도 보호받는가? 당신의 전인격이다. 당신의 어느 부분은 보호하시고 다른 부분은 보호하지 않으실까? 아니다. 어떤 이들은 이것을 막연하고 일반적인 보호로 알고 있다.

이를테면 하나님이 보호하셔서, 죽으면 하늘에 올라가게 될 것이라고 생각한다. 그러나 그의 존재와 성품에 포함된 모든 것이 보호받는다는 것을 모르고 있다. 하나님은 그 모든 것을 보호하기 원하신다.

여기 시계가 있다. 이것을 어떤 친구에게서 빌린 것이라고 가정해 보자. 그 친구가 "유럽에 갈 때 가져가도 돼. 하지만 잘 간수했다가 돌려 줘야 해."라고 말했다고 하자.

그런데 내가 실수로 그 시계를 망가뜨려서 시계 바늘이 부러지고 유리가 깨지고 톱니바퀴와 스프링이 고장난 채로 되돌려 준다면, 그 친구가 "내가 너한테 빌려 줄 때는 잘 보관할 거라고 믿었기 때문이었어."라고 말하지 않겠는가?

"내가 잘 보관하지 않았다구? 여기 시계가 있잖아."

"그 정도로 보관하라는 게 아니었어. 너는 시계 껍데기만, 못쓰게 된 나머지만 가져오지 않았니? 난 시계의 모든 부분을 고스란히 돌려주길 기대했던 거야."

하나님께서도 이런 식으로 우리를 보호하시다가, 마지막에 어떻게 해서라도 불 속에서 구원받는 것처럼 겨우 천국에 들어가게 되기를 원치 않으신다. 하나님의 보호하시는 그 능력과 사랑은 우리의 모든 부분에 미친다.

하나님이 영적인 일에서는 보호하시나 현세적인 일에서는 보호하지 않으신다고 여기는 사람들도 있다. 현세적인 일은 하나님의 영역 밖에 속한다고 말한다. 하나님은 우리를 세상에 일하러 보내시면서 "자, 이제 가서 혼자 돈을 벌어 스스로 생계를 유지해 가거라."고 하시지 않는다. 우리가 스스로를 보호할 수 없는 줄 잘 아신다.

오히려 "사랑하는 자녀야, 네가 할 일도 없고, 네가 종사할 사업도 없고, 쓸 돈도 없으나, 너의 아버지 되는 내가 그것들을 보호해 주마."라고 하신다.

하나님은 영적인 일들을 보살피실 뿐 아니라 현세적인 일들도 보살펴 주신다. 우리는 하루 시간 중 아홉 시간 혹은 열 시간을 힘들고 복잡한 일터에서 보낸다. 그때에도 하나님은 우리를 그 가운데서 지키신다. 하나님은 우리 생활의 모든 것을 지켜 주신다.

어떤 이들은 이렇게 생각한다.

'물론 시련의 때는 하나님께서 날 지켜 주시겠지만, 번창할 때는 지켜 주지 않으셔도 돼. 나는 그런 때는 하나님을 망각하고 살지.'

이와 정반대의 생각을 하는 이들도 있다.

'일이 잘될 때는 만사가 순조로우니 하나님을 의지할 수 있지만, 무서운 시련이 닥칠 때는 거역의 길로 가게 되지. 그리고 하나님도 나를 지키지 않으셔.'

이런 식으로 생각하는 사람들도 있다.

'하나님은 내가 큰 악을 행치 않도록 지켜 주시지만, 사소한 죄까지 짓지 않도록 지켜 주실 것을 기대할 수는 없지. 이를테면 성내는 죄 같은 것은 이기게 해주시기를 기대할 수 없어.'

다른 사람이 시험을 받아 곁길로 가서 살인 같은 흉악한 죄를 저지르면 그것을 보고 하나님이 자기를 지켜 주신 것을 감사하기도 한다.

'나도 저 사람 같은 일을 저지를 뻔했지. 하나님이 날 지켜 주지 않으셨더라면 그랬을 거야.'

하나님이 살인 같은 흉악한 죄에서 자기를 보호해 주셨다고 믿는 것이다.

그럼 어째서 하나님이 성내는 것과 같은 사소한 죄로부터 당신을 보호해 주실 수 있다고 믿지 않는가? 그것은 별로 중요치 않다고 생각하는 것이다. 신약의 가장 큰 명령이 "내가 너희를 사랑한 것같이 너희도 서로 사랑하라."는 것을 기억하지 못한 소치다. 성내고 마구 비판하고 날카로운 말을 할 때는 이미 하나님의 사랑의 법인 최고의 법을 어긴 셈이다. 그러고도 "하나님은 그런 것까지 지키지 않으시며 도와주실 수 없다."고 말한다. 하나님이 하실 수 없다고 하지는 않더라도 "하나님은 나를 사소한 죄에서는 지켜 주지 않으신다."고 말한다. 아니면 "하나님은 하실 수 있겠지만 내 속에 어떤 것이 있어서 도저히 거기에 미치지 못하고, 하나님은 그것을 없애 버리지 않으신다."고 말한다.

그러면 묻겠는데, 신자라면 일반적인 삶보다 더 거룩한 삶을 살 수 있는가? 신자는 하나님의 보호의 능력을 온종일 체험할 수 있는가? 종일 죄에서 지켜 주실 것을 믿을 수 있는가? 하나님과 친교를 계속할 수 있는가? 여기서 다시 하나님의 말씀을 보자.

"하나님의 능력으로 보호하심을 받았느니라."

이 말에는 제한하는 구절이 없다. 우리가 온전히 절대적으로 하나님의 전능하심을 의지하고 믿으면 하나님께서 기꺼이 우리를 모든 것으로부터 지켜 주실 것이다.

아무리 그렇다 해도 우리의 말 한마디 한마디가 하나님께 영광이 될 수 있는가 하고 생각하는 이들도 있다. 그렇지만 하나님께서는 이것을 기대하신다. 하나님께서는 우리의 입에 파수꾼을 세워 주고자 하신다. 하나님이 원하시면 우리의 혀와 입술을 지켜 주실 수 없겠는가? 물론 하실 수 있다. 하나님을 신뢰하는 자들에게는 그렇게 해주신다.

하나님이 보호하신다고 할 때는 모든 것이 다 내포되어 있다. 그러므로 거룩한 생활을 간구하는 자는 자신의 모든 부족과 연약함과 결점과 죄를 반성하며 하나님께 아뢰라.

"하나님께서 지켜 주시지 못할 죄가 어디 있겠습니까?"

그때 이런 해답을 얻을 수 있다.

"없다. 하나님은 나를 온갖 죄에서 보호하실 수 있다."

능력으로 보호하심

두 번째로 이러한 보호를 바로 이해하려면, 하나님은 모든 것을 보호하실 뿐만 아니라 보호할 능력도 가지고 계심을 기억하는 것이 매우 중요하다.

이 진리가 내 속에 새겨지면 좋겠다. 내 마음이 온통 하나님의 전능에 대한 생각으로 가득 찰 때까지 예배드리고 싶다. 하나님은 전능하시며, 전능하신 하나님이 내 마음속에서 일하심으로 나를 보호해 주신다. 그러기에 그분의 전능에 연결되기를, 전능하시며 살아 계신 하나님께 연결되어 그 손에 붙잡힌 바 되길 원한다.

시편에 나오는 다윗의 시를 보면 놀라움을 금할 수 없다. 그는 하나님을 나의 하나님, 나의 요새, 나의 피난처, 나의 망대, 나의 힘과 구원이라고 표현했다. 다윗은 영존하시는 하나님이 어떻게 믿는 자의 피난처가 되시며, 어떻게 그 손과 그 은밀한 처소와 그 날개 아래, 그 깃털 아래서 지켜 주시는가를 놀랍게 묘사했다. 다윗은 바로 그곳에서 살았다. 더욱이 우리는 오순절 하나님의 백성이요, 그리스도와 그분의 보혈과 하늘에서 오신 성령을 알고 있는 자들로서 어찌하여 우리의 전능하신 보호자 하나님을 의지하여 한 걸음씩 걸어가는 것에 대해서는 이렇게도 아는 바가 적은지 모르겠다.

우리 마음속에 역사하는 모든 은혜가 하나님의 전능하심에서 비롯되고 있음을 생각해 보았는가? 내가 어떤 사람에게서 사례금을 받는다고 하자. 나는 그 돈을 받아 간다. 그는 자기가 가진 돈의 일부를 나에게 주고 나머지는 자기가 갖는다. 그러나 하나님은 그의 능력을 이런 식으로 베풀어 주시지 않는다. 하나님은 그 무엇과도 자신의 능력을 나누어 가지시는 법이 절대 없다. 그러기에 내가 얼마나 하나님과 접촉하며 사느냐에 따라서 하나님의 능력과 선하심을 그만큼 체험할 수 있다. 하나님과 교통할 때는 하나님의 전 능력과 교통하는 것이요, 그 전능하심이 나를 매일 도와주시는 것이다.

어떤 사람의 아버지가 거부인데, 그가 사업을 하려고 할 때 아버지는 "사업에 필요한 만큼 돈을 가져가거라."고 말한다. 아버지의 재산은 바로 그 아들의 뜻에 달려 있다.

전능하신 하나님도 마찬가지다. 하나님의 전능하심은 우리가 다 수용할 수 없다. 우리는 보잘것없는 벌레 같은 존재다. 그런 작은 벌레를 지키는 데 하나님의 전능이 필요하다니 얼마나 놀라운가!

그렇다. 흙 속에 사는 모든 보잘것없는 벌레들을 지키는 데도 하나님의 전능이 필요하고, 우주를 지키는 데도 하나님의 전능이 필요하다. 그러므로 우리의 영혼과 마음을 죄의 세력에서 지키기 위해서는 더욱더 하나님의 전능하심이 필요하다.

은혜 안에서 자라기 원한다면 바로 여기서부터 시작하라. 나의 모든 판단과 묵상, 사색과 행위, 의문과 연구와 기도에서 전능하신 하나님께 보호받는 것을 배워 가라. 하나님을 신뢰하는 자녀를 위해 전능하신 하나님께서 못하실 일이 무엇이겠는가?

성경은 말한다. 하나님은 "우리의 온갖 구하는 것이나 생각하는 것에 더 넘치도록" 능히 하실 분이시다. 우리가 믿을 것은 오직 하나님의 전능하심뿐이다. 그럴 때 그리스도인으로서 합당한 삶을 살 수 있다.

우리는 하나님에 대해 배운 것이 너무나 부족하다. 경건한 생활은 하나님으로 충만한 생활이요, 하나님을 사랑하고 의지하고 믿으며 은혜를 기대하는 생활이라는 사실을 거의 배우지 못했다. 하나님의 능력 없이는 하나님의 뜻을 행할 수 없다. 한번 능력을 체험할 때 더욱 그 능력을 기대하게 되며, 하나님께서 하실 수 있는 모든 것을 구하게 된다.

"하나님을 매일 신뢰하게 해주시옵소서."

지속적으로 보호하심

생각할 점이 또 하나 있다. 하나님은 우리의 모든 것을 보호하는 전능하신 분이실 뿐 아니라 지속적으로 보호하신다.

때로 이렇게들 말한다.

"한 주간 내지 한 달 동안은 하나님이 나를 놀랍게 보호해 주셨어. 나는 그 얼굴빛 안에서 살았고, 그분과 교통하면서 누린 기쁨은 이루 형언할 수 없을 정도였지. 남을 위한 일에도 복을 주셨어. 때로는 독수리의 날개를 타고 하늘로 올라가는 듯한 영적 상태를 누렸다. 그렇지만 계속되지는 않았지. 너무 좋아서 오래가질 못했어."

어떤 사람은 이렇게 말한다.

"내가 겸손한 자세를 유지하기 위해서는 때로 넘어질 필요도 있었어."

"물론 내 잘못이었지. 하지만 어쨌든 늘 최상의 삶을 살 수는 없어."

정말 그럴까? 하나님께서 끊임없이, 지속적으로 보호하지 않아야 될 이유라도 있을까? 모든 생명은 단절 없는 연속된 상태를 가지기 마련이다. 내 생명이 단 30분만 정지된다 해도 죽고 말 것이다. 생명은 단절됨이 없다. 하나님의 생명은 곧 교회의 생명이요, 우리 속에서 역사하는 하나님의 전능하신 능력인 것이다. 하나님은 전능하신 분으로 우리에게 오셔서 무조건 우리를 보호해 주시는데, 이는 매일 매순간 우리를 지켜 주시는 것을 뜻한다.

"하나님께서 당신을 하루 동안 실제적인 범죄에서 지켜 주실 수 있을까요?"라고 묻는다면 아마도 이렇게 대답할 것이다.

"물론 하실 수 있고 말고요. 과거에도 그렇게 하셨으니까요. 과거에 어떤 날은 하나님이 거룩하신 임재로 나의 마음을 지켜 주셨답니다. 내 속에 타락한 성품이 있는데도 의식적으로 범죄하지 않도록 지켜 주셨습니다."

하나님께서 한 시간 혹은 하루 동안 지켜 주실 수 있다면, 왜 이틀은 안 되겠는가? 성경 말씀에 나타난 대로 하나님의 전능하심은 우리의 기대에 넘치게 역사하심을 믿자.

하나님은 말씀하셨다.

"나 여호와는 때때로 물을 주며 밤낮으로 간수하여."

여기서 "때때로"는 매순간을 가리킨다. 하나님은 쬐는 햇볕과 뜨거운 바람에도 포도나무가 마르지 않도록 매순간 물을 주시며 포도원을 지키겠다고 약속하셨다. 남아프리카에서는 때때로 접목을 한 후 그 위에 물병을 달아 두고 가끔씩 물방울이 떨어지게 하여 그것을 적시게 한다고 한다. 그리하여 수분이 끊임없이 공급되면 접목이 태양의 열을 견디게 된다고 한다.

하나님께서 그렇게 하겠다고 약속하셨으니, 그 자비로우신 사랑으로 우리를 순간마다 지키지 않으시겠는가? 이 생각을 꼭 붙잡기 바란다. 우리의 신앙생활은 하나님이 하시는 일이 되어야 한다.

"너희 안에서 행하시는 이는 하나님이시니 자기의 기쁘신 뜻을 위하여 너희에게 소원을 두고 행하게 하시나니"(빌 2:13).

하나님께서 그렇게 하실 것을 믿기만 하면 하나님이 우리를 위하여 해주실 것이다.

하나님의 보호는 지속적이어야 한다. 아침에 깰 때에 거기에 하나님이 계신다. 만약 아침에 깨어날 때 하나님을 생각하지 않는다면 어떤 결과가 생기겠는가? 일어날 때 하나님을 생각하면 하나님이 그 아침에 거룩한 빛과 사랑으로 당신을 만나 주실 것이며, 하루 종일 전능하신 능력으로 끊임없이 당신을 지켜 주신다는 확신을 주실 것이다. 다음날도 그리고 매일 하나님은 당신을 만나 주실 것이다.

때로 하나님과 교통하지 못할 때에도 염려하지 말기 바란다. "주님, 주께서 온전히 저를 지키시고 주관하실 줄 믿나이다. 하루도 빠짐없이 절대적으로 저를 보호하시리이다."라는 태도를 견지하고 나가면 당신의 신앙이 더욱 굳건해져서, 하나님의 능력이 끊임없이 당신을 지켜 주심을 확신하게 될 것이다.

믿음으로 보호받음

이제 다른 면, 곧 믿음을 살펴보도록 하자.

"믿음으로 말미암아 하나님의 능력으로 보호하심을 받았느니라."

자신의 무능력을 깨닫는 것이 바로 믿음이다.

먼저 믿음은 하나님 앞에서 나의 전적인 무력함과 무능함이다.

모든 믿음의 근저에는 이 무능력에 대한 의식이 있기 마련이다. 내가 집을 살 때는 부동산 양도 취급인이 새 가옥을 내 이름으로 이전하며 기타 모든 수속을 밟게 된다. 내가 할 수 있는 일이 아니므로 중개인에게 맡긴다. 신앙도 나의 무력한 상태를 뜻한다. 많은 경우에 이런 식으로 생각한다.

'나도 온갖 수고를 하면 할 수는 있지만, 다른 사람이 더 잘할 수 있어.'

그러나 대개는 자기가 할 수 없다. 누군가가 대신 해주어야 한다. 이것이 곧 신령한 생활의 비결이다.

우리는 이렇게 말할 줄 알아야 한다.

"나는 모든 것을 포기한다. 내가 노력하고 간절히 바라고, 생각하고 기도했지만 실패였다. 하나님이 은혜를 주시고 도우셨지만 여전히 많은 죄와 슬픔이 있었다……."

이러한 전적인 무력함과 절망의 상태로 쓰러져서 "나는 아무것도 할 수 없다."고 말하게 될 때 참된 변화가 생긴다.

사도 바울은 참으로 복된 생애를 살았다. 그는 삼층천에까지 간 일이 있었다. 그런데 육체의 가시, 곧 "사탄의 사자"가 다가왔다. 어떻게 되었는가? 바울로서는 도저히 이해할 수 없었다. 세 번이나 그것을 떠나게 해주기를 기도했으나 주님의 대답은 이러하셨다.

"내 은혜가 네게 족하도다 이는 내 능력이 약한 데서 온전하여짐이라"(고후 12:9).

그 후 결코 잊을 수 없는 교훈을 새기게 되었는데, 곧 그는 여러 가지 약한 데서 기뻐하며 자랑했다. 자기가 약해질수록 더 나은 일이라고 말했는데, 이는 그가 약할 때 그리스도 안에서 강할 수 있기 때문이었다.

'더 나은 생활'로 들어가고 싶은가? 한 발자국 낮은 데로 내려가라.

언젠가 보드먼 박사가 한 말이 생각난다. 그가 한번은 어떤 사람의 초대를 받아 탄환을 만드는 공장에 가 보게 되었다. 그곳의 일꾼들은 녹인 납을 고도의 높이에서 내리 쏟아 부었다. 그 사람은 보드먼 박사를 공장의 탑 꼭대기로 안내하여 일의 과정을 보여 주려고 했다. 박사는 탑쪽 문으로 들어가 위층으로 올라갔다. 그러나 몇 발자국 가지 않아 그 사람이 박사를 불렀다.

"그 길이 아닙니다. 이리로 내려오십시오. 그 계단은 막혀 있습니다."

그리고 박사를 데리고 아래층으로 여러 계단을 내려가서 거기 있는 승강기를 타고 꼭대기로 갔다. 그때 보드먼 박사는 "내려가는 것이 때로는 가장 잘 올라가는 길이 된다는 것을 배웠습니다."라고 말했다.

하나님께서도 우리를 아주 낮추실 필요가 있다. 우리가 무지

하고 아무것도 할 수 없고 아무것도 아니라고 느낄 때가 와야 한다. 완전한 무력감에 빠질 때, 비로소 영원하신 하나님께서 그의 능력으로 자신을 온전히 나타내실 것이요, 우리는 하나님만을 신뢰하게 될 것이다.

하나님을 완전히 신뢰하지 못하게 하는 것은 무엇인가?

사람들은 말한다.

"당신의 말은 옳지만 한 가지 어려운 점이 있습니다. 내가 온전히 하나님을 신뢰하고 항상 변치 않는다면, 모든 일이 잘될 것입니다. 하나님께서 그러한 신뢰를 가상히 여기실 것이니까요. 그렇지만 어떻게 하면 그런 신뢰에 이를 수 있을까요?"

나의 대답은 이렇다.

"자신이 죽어야 합니다. 신뢰를 방해하는 가장 큰 장애물은 자기 노력입니다. 오랫동안 자신의 지혜와 생각과 힘에 집착해 있었기에 하나님을 온전히 신뢰할 수 없습니다. 그러나 하나님이 당신을 깨뜨리실 때, 모든 것이 희미해지기 시작할 때, 그래서 자신이 아무것도 할 수 없다는 것을 깨달을 때, 그때 하나님은 가까이 오십니다. 자신의 무능함을 깨닫고 하나님 앞에서 기다릴 때, 하나님이 전부가 되십니다."

내가 중요한 사람일 때는 하나님이 전부가 되실 수 없다. 하나님의 전능하심이 충분히 역사하실 수 없다. 자기를 완전히 포기하는 것이 믿음의 시작이다. 이 세상의 모든 것에서 소망을 버리고 오직 하나님 안에서만 우리의 소망을 발견하는 것이다.

의지하는 것이 믿음이다

다음으로 믿음은 의지하는 것이다.

신앙생활 초기에 믿음은 많은 투쟁을 한다. 그렇게 투쟁하는 한, 믿음은 힘을 얻지 못한다. 그러나 투쟁이 마지막에 이르고 하나님을 의지하게 될 때면 기쁨과 승리가 찾아온다.

케직 사경회가 어떻게 시작되었는지 이야기해 보면, 이 점이 좀더 명백해질 것이다. 영국 교회의 복음적인 목회자였던 캐논 배터스비(Canon Battersby) 목사는 진지하고 상냥하며 경건한 사람이었다. 그런데 하나님을 의지하는 것과 죄를 정복하는 것에 대한 자각이 없어서, 종종 넘어지고 실패하고 범죄하는 문제를 놓고 매우 슬퍼했다. 그가 승리의 가능성에 대해 들었을 때, 그것이 그렇게 바라던 것이었으면서도 자기는 도저히 도달할 수 없을 것 같았다.

한번은 가버나움에서 가나까지 예수님을 찾아와서 아들의

병을 고쳐 달라고 청한 왕의 신하의 이야기를 본문으로 삼은 '의지함과 믿음'이란 제목의 설교를 듣게 되었다.

설교의 내용은 이러했다. 왕의 신하는 예수님이 일반적인 방법으로 자기를 도와주시리라 믿기는 했지만, 한번 시험 삼아 예수님을 찾아갔을 뿐이었다. 예수님이 도와주시기를 바라면서도 거기에 대한 확신은 별로 없었다.

그런데 어떻게 되었는가? "가라 네 아들이 살았다."라고 하시는 예수님의 말씀을 그는 그대로 믿었다. 그 말씀에 마음을 푹 놓았다. 아들이 완쾌되었다는 증거는 없었다. 그리고 가버나움까지 일곱 시간이 걸려 되돌아가야 했다. 도중에 하인을 만나 아들이 완쾌되었다는 소식을 들었다. 전날 오후 1시였다니까 바로 예수님이 자기에게 말씀하신 그때 아들의 열병이 떠난 것이었다. 그가 예수님의 말씀과 행하심을 의지하고 가버나움으로 갔더니 아들이 회복되어 있었다. 그는 하나님을 찬송하고 온 가족 모두 신자가 되어 예수님의 제자가 되었다.

믿음이란 이런 것이다. 하나님께서 나를 보호하시겠다고 약속하실 때, 비록 내가 세상에서는 의지할 것이 아무것도 없을지라도 "주님의 말씀이면 충분합니다. 하나님의 능력으로 보호를 받으리이다."라고 말하는 것이 곧 믿음이요, 의지함이다.

캐논 배터스비 목사는 그날 밤 설교를 듣고 집에 돌아가 캄캄한 가운데서 모든 것을 맡기는 경험을 했다. 그는 예수님의 말씀을 그대로 믿고 의지했다. 다음날 아침, 옥스포드가에서 한 친구를 만나 "나는 찾았다네!"라고 말했다. 또 나아가 다른 이들에게도 그 말을 했고, 케직 사경회를 개최하기를 청했다. 그리고 그 회의에 참석한 자들과 함께 다만 하나님께서 이루신 일을 증거하게 되었다.

누구든지 성내고 안달하고 화가 나고 미움과 교만과 죄가 일어나려 할 때마다 전능하신 하나님의 능력을 의지하고 나가는 것이 중요하다. 이러한 실패가 예상될 때 전능하신 하나님의 언약을 기억함이 참으로 중요하다. 어떤 사람의 말이나 내 기분 때문이 아니라 하나님의 말씀의 능력 때문에 그런 것이다.

"믿음으로 말미암아 하나님의 능력으로 보호하심을 받았느니라."

우리는 하나님을 최대한 증거하는 자가 되도록 열심히 기도해야 한다.

"주께서 주시려는 것 이상을 구하지 않으며 그 이하의 것도 구하지 않습니다. 하나님, 저의 삶이 전능하신 하나님의 능력을 증거하는 삶이 되게 하옵소서. 매일 자신의 전적인 무능함과 주님께 어린아이처럼 단순히 의지하는 것이 제 성품에서 나타나게 하소서."

믿음에는 사귐이 필요하다

믿음에 대해 한 가지를 더 생각해 보고자 한다. 믿음은 하나님과의 친교를 의미한다.

많은 사람이 말씀을 받고 믿으려고 하지만, 믿을 수 없음을 발견하게 된다. 그렇지만 하나님과 말씀을 분리시킬 수는 없다. 하나님을 떠나서는 어떤 은혜나 능력도 입을 수 없다. 경건한 삶을 살려면 반드시 시간을 들여 하나님과 교제해야 한다.

때로 이런 말을 듣는다.

"내 생활이 너무 바빠서 하나님과 교제할 시간이 없소."

어느 선교사가 이런 말을 했다.

"우리 선교사들이 시험에 빠질 때가 얼마나 많은지 사람들은 모를 것입니다. 아침 5시에 일어나면 벌써 원주민들이 일거리를 받으려고 대기 중이랍니다. 그리고 학교에 가서 오랜 시간을 보내야 합니다. 그러고도 다른 할 일이 있습니다. 16시간을 분주히 지내다 보면 하나님과 단 둘이 보낼 시간이 거의 없지요."

여기에서 두 가지를 기억하기 바란다. 나는 하나님의 전능을 일종의 물건처럼 신뢰하라고 말한 적이 없다. 하나님의 말씀을 기록된 책으로 여기라고 말한 일도 없다. 내가 말한 것은 전능하신 하나님께 나아가라는 것이다.

앞에서 왕의 신하가 살아 계신 예수님을 대한 것처럼 살아 계신 하나님을 대하기 바란다. 그가 어떻게 예수님의 말씀을 믿게 되었는가? 하나님의 아들이신 예수님의 눈과 음성과 억양을 보고 들을 때 예수님을 신뢰하게 되었다. 그리스도께서는 우리에게도 이와 똑같이 해주실 수 있으시다. 속에서 믿음을 자극하고 일으키려고 노력하지 말라. 나도 그런 노력을 수없이 했지만 자신이 멍청이임을 발견했을 따름이다. 우리 스스로 마음속 깊은 데서 신앙을 일으킬 수는 없다. 우리의 마음에서 눈을 돌려 그리스도의 얼굴을 쳐다보아야 한다. 어떻게 우리를 지키시겠다고 하셨는지 귀 기울여 듣도록 하자.

사랑하는 주님의 얼굴을 바라보라. 매일 시간을 내어 그분과 같이 있으라. 아무것도 가진 것이 없는 인간의 빈곤과 공허를 인정하는 새로운 삶을 시작하라. 오로지 하나님께 모든 것을 얻기를 구하며, 살아 계시는 하나님의 전능함을 의지하는 자로서 온전한 안식을 누려 보라. 그리고 하나님이 하늘 문을 열고 쌓을 곳이 모자라도록 복을 쏟아 주시는지 보라.

마지막으로 당신은 참으로 하늘의 기업을 위하여 하나님이 당신을 보호해 주시는 것을 충분히 체험하기 원하는가? 로버트 맥셰인(Robert Murray M'Cheyne)은 이렇게 말했다.

"오 하나님, 제가 참으로 사죄받은 죄인답게 거룩하게 해주옵소서."

이런 기도가 마음속에 있다면 이제 영존하시며 전능하신 여호와의 새로운 언약 관계에 들어가자. 참으로 무력한 상태에서, 그러나 우리 자신을 온전히 하나님의 손에 맡기면서 이 언약 관계에 이를 때 오직 한 가지 기도를 드리자.

영존하시는 하나님이 우리의 친구가 되셔서 매일 매순간 우리 손을 붙잡고 가심을, 그분이 우리의 보호자가 되셔서 한순간도 쉬지 않고 지켜보시는 것과 우리의 아버지로서 언제나 자신을 계시해 주기를 기뻐하심을 온전히 믿게 해 달라고 기도하자. 하나님은 매일 사랑의 빛으로 우리를 감싸 주실 수 있다.

바쁜 일 때문에 항상 하나님과 함께할 수 없을까 봐 염려하지 말라. 태양이 온종일 빛을 비추고, 우리가 그 빛을 받으며, 우리가 어디에 있든지 태양이 있는 것은 그렇게 해주시는 하나님의 배려임을 알아야 한다. 그와 같은 배려로 하나님께서 그 거룩하신 빛을 비춰 주시니 우리가 하나님을 신뢰할 때 그 빛에 항상 거할 수 있다. 다만 온전히 신뢰하자.

여기에 하나님의 전능이 있고, 그 전능을 믿는 믿음이 있다. 우리는 "그 전능이 할 수 있는 모든 것 때문에 하나님을 신뢰합니다."라고 말할 뿐이다. 이 거룩한 삶의 양면은 참 놀랍다. 곧 하나님의 전능이 나를 덮으신다는 것과, 나의 의지가 그 전능을 완전히 의지하고 기뻐한다는 것이다.

언제나 주는 날 사랑하사
언제나 새 생명 주시나니
영광의 기약이 이르도록
언제나 주만 바라봅니다.

Chapter

9

주님께
붙잡힌 바 되라

"나는 포도나무요 너희는 가지라 그가 내 안에, 내가 그 안에 거하면 사람이 열매를 많이 맺나니 나를 떠나서는 너희가 아무것도 할 수 없음이라"(요 15:5).

주님의 일꾼들에게 드리는 글

결국 우리가 그리스도와 올바른 관계를 맺는 것에 모든 것이 달려 있다. 좋은 사과를 먹으려면 좋은 사과나무가 있어야 한다. 사과나무를 잘 관리하면 좋은 사과를 맺는다. 신앙생활과 주님의 일도 그러하다. 나의 생활이 그리스도와 올바른 관계에 있을 때 좋은 결과가 나온다.

상이한 각 분야에서 교육과 제안, 도움과 훈련 등이 필요하며, 그것들은 다 가치가 있다. 그러나 결국 가장 기본적인 것은 그리스도 안에 온전히 거하는 삶이다. 우리 안에 그리스도를 모시고, 그분이 우리를 통하여 일하시는 것을 말한다. 물론 많은 것들이 자주 우리를 방해하고 가지각색의 의문이 생기게 한다. 그러나 우리가 오로지 주님 앞에 나아가 올바른 태도를 유지하고 있으면, 주께서 우리 각 사람에게 큰 은혜를 베푸시며 온전한 평화와 쉼과 희락과 힘을 주실 것이다.

본문은 요한복음 15장 5절의 포도나무와 가지의 비유에서 나온 말씀이다.

"나는 포도나무요 너희는 가지라."

특히 "너희는 가지라"는 말씀을 생각해 보자.

가지, 나무의 가지 또는 포도나무의 가지가 되는 것은 아주 단순한 일이다. 가지는 포도나무에서 자라 나와서 성장하다가 때가 되면 열매를 맺는다. 가지가 할 일은 다만 뿌리와 원목에서 진액을 빨아들이는 일이다. 성령의 깨우침으로 우리와 예수 그리스도와의 관계를 바로 알기만 하면, 우리가 하는 일이 땅 위에서 가장 빛나고 거룩한 일이 될 것이다. 영혼이 지치고 고갈되는 대신, 우리의 일은 우리와 예수님을 연결시켜 주는 새로운 경험과 같을 것이다.

그런데 안타깝게도 우리의 사역이 종종 우리와 주님 사이를 갈라놓고 있다. 얼마나 어리석은 일인가! 주께서 내 안에서 하셔야 하고 내가 주님을 위해 해야 할 일이, 나의 잘못으로 인해 나와 그리스도 사이를 이간시켜 놓다니 너무도 안타깝다.

포도원의 일꾼들은 할 일이 너무 많아서 예수님과 친밀한 교제를 나눌 시간이 없고, 그들의 일이 기도할 마음을 약화시키며 사람들과 너무 많이 접촉하느라 영적 생활이 어두워진다고 불평을 늘어놓았다.

열매를 맺게 한다면서 가지를 포도나무에서 분리시키다니 정말 슬픈 일이다. 이는 우리의 일을 가지가 열매를 맺는 것과 다른 일로 보기 때문이다. 그리스도인의 삶에 대한 이런 그릇된 생각에서 속히 벗어나야 한다.

이 복된 가지의 삶에 대해 몇 가지 생각해 보자.

절대 의존

첫째, 가지의 삶은 절대적인 의존의 삶이다. 가지는 가진 것이 아무것도 없다. 오로지 포도나무에 의존하고 있을 뿐이다. 절대 의존은 가장 엄숙하고 고귀한 생각이다.

유명한 독일 신학자 한 사람이 두 권의 책을 썼는데, 그 책에서는 칼빈의 신학을 총괄하여 "하나님에 대한 절대 의존"이라고 밝혔다. 또 다른 저자는 "오직 하나님에 대한 절대적이고 변함없는 의존"만이 천사들의 신앙적 본질이요, 인간의 신앙적 본질이기도 하다고 했다.

천사들에게는 하나님만이 전부가 되신다. 하나님은 모든 신자들에게도 전부가 되기를 원하신다. 우리가 날마다 매순간 하나님 의지하기를 배운다면 모든 일이 잘될 것이다. 절대적으로 하나님을 의지하면 더 고귀한 삶을 누릴 것이다.

본문에서 포도나무와 가지가 그렇다. 포도나무를 볼 때마다, 식탁에 오르는 포도송이를 볼 때마다, 가지는 절대적으로 포도나무에 의존해 있음을 기억하라. 포도나무가 할 일을 하면 가지에는 열매가 맺힌다.

그럼 포도나무가 할 일은 무엇인가? 엄청난 일을 해야 한다. 뿌리를 땅 밑 흙 속으로 뻗어서, 때로는 상당히 깊이 뻗어 수분을 빨아들여야 한다. 거름의 요소들을 여기저기 넣어 주면 포도나무가 뿌리를 뻗고, 그 뿌리나 줄기에서 수분과 거름이 열매를 맺게 하는 특별한 진액으로 변한다. 포도나무가 그런 일을 하면 가지는 다만 그 진액을 받아들여, 그것이 포도가 되는 것이다.

런던의 햄프턴 궁전에 포도나무가 한 그루 있는데, 이 포도나무는 무려 이천여 송이의 포도를 맺어 사람들이 그 포도나무의 왕성한 성장과 풍부한 결실에 놀랐다는 말을 들은 적이 있다. 나중에 그 이유가 밝혀졌다. 멀지 않은 곳에 템즈강이 흐르고 있었는데, 포도나무가 땅 밑으로 뿌리를 수백 야드나 뻗어서 강변에까지 이르렀기 때문에 강바닥의 진흙 속에서 기름진 영양분을 빨아들이고 수분도 흡수했기 때문이다. 그 먼 거리에서 빨아들인 진액이 계속 포도나무에 공급되어 그토록 풍성한 열매가 맺혔다고 했다. 포도나무가 할 일을 하니 가지들은 포도나무에 붙어 있기만 함으로써 그런 결실을 얻은 셈이다.

우리 주 예수님도 이와 같다. 그렇다면 내가 일을 해야 할 때, 설교를 하거나 성경을 강해해야 할 때, 가난하고 소외된 자들을 심방해야 할 때, 그 일에 대한 모든 책임이 그리스도에게 있다는 말인가?

내 대답은 "참으로 그렇다."이다. 우리가 하는 모든 일에서 가장 기초가 되어야 하는 것은 바로 그리스도께서 모든 것을 돌보셔야 한다는 단순하고 복된 의식이다.

그렇다면 그리스도께서는 그러한 의존과 기대를 어떻게 충족시켜 주시는가? 성령을 보내심으로 충족시켜 주신다. 때때로 특별한 은사만 주시는 것이 아니다. 포도나무와 가지의 관계처럼 매시간, 매일 끊임없이 생생한 관계를 유지해 나가는 것이다. 진액은 잠시만 흘렀다가 다음 순간에 멈추고 다시 흐르는 것이 아니라 순간순간 포도나무에서 가지로 흘러 들어간다. 이와 마찬가지로 주님께서는 우리가 이런 복된 일꾼의 자세를 유지하여 아침마다, 날마다, 시간마다, 걸음마다, 아무것도 모르고 아무것도 할 수 없는 자로서 오로지 온전히 주님만을 의지하여 그 안에서 살아가기를 원하신다.

주님의 일꾼인 여러분, "아무것도 아니다"(nothing)라는 말을 깊이 상고해 보기 바란다. 이 말의 의미를 생각해 보고, 이 말에 비추어 매일 기도하고 예배드리기로 하자. 참으로 이 말이 담고 있는 복을 아는가?

내가 중요한 무엇(something)일 때, 하나님은 모든 것(everything)이 아니다. 그러나 내가 아무것도 아닐 때 하나님은 모든 것이 되실 수 있다. 또한 그리스도 안에 계신 영원하신 하나님이 자신을 충만히 계시하실 수 있다. 이렇게 될 때 고차원적인 삶이 되는 것이다. 우리는 아무것도 아니어야 한다. 스랍들과 그룹들이 불꽃이 됨은 자기가 아무것도 아님을 알고 하나님이 그 충만하심과 영광과 밝은 빛을 자기들 속에 비취게 하기 때문이라는 말을 들은 일이 있다. 타당한 말이다. 실제로 자신이 "아무것도 아님"을 깨달아야 한다. 그리고 일꾼으로서 한 가지 배워야 할 것은, 그리스도가 우리 안에서 모든 일을 이루시려면 우리가 더욱 가난해지고 낮아지고 무력해져야 한다는 사실이다.

이것이 첫 번째 교훈이다. 자신은 아무것도 아님을 배우라. 무력한 자가 되라. 뭔가 가진 자는 절대적으로 의지하지 않게 된다. 그러나 아무것도 없는 자는 온전히 의지하게 된다. 하나님을 절대적으로 의지하는 것이 능력의 비결이다. 가지는 아무것도 안 가졌으나 포도나무에서 모든 것을 취하듯이, 우리는 아무것도 가진 것이 없지만 예수님에게서 모든 것을 받는다.

진심으로 맡김

둘째, 가지의 삶은 전적으로 의존하는 삶일 뿐 아니라 진심으로 맡기는 삶이다.

그 조그만 가지가 생각할 수 있고 느끼고 말할 수 있다면, 그 것이 햄프턴 궁전의 포도나무 가지가 됐든 해가 잘 쪼이는 남아 프리카의 포도나무 가지가 됐든지 간에 오늘 이 자리에 조그만 가지 하나가 우리에게 말할 수 있다면, 우리가 "포도나무 가지 여, 내가 어떻게 하면 살아 있는 포도나무의 참된 가지가 될 수 있는지 알고 싶소."라고 묻는다면, 이 조그만 가지는 다음과 같 이 우리에게 속삭일 것이다.

"사람들은 현명하고 굉장한 일들을 많이 할 수 있다고 생각 하고 있소. 원래 힘도 지혜도 많은 줄 알지만, 한 가지 해줄 말이 있소. 당신이 아무리 바쁘게 그리스도의 사역에 힘써도 성공하 지 못할 것이오. 당신이 해야 할 일은 주 예수께 나아와 그분에 게 맡기는 일이오. 그것이 바로 내가 하는 일이오. 내가 저 포도 나무에서 자란 지 수년이 되었소. 그동안 포도나무에 모든 것을 맡기고 지냈소. 봄이 왔을 때도 걱정과 염려를 하지 않았소. 포 도나무가 진액을 내게 넣어 주고 싹과 잎에도 보내 주었소. 여 름이 되었을 때도 걱정이 없었소. 태양열이 쬘 때는 포도나무가 수분을 보내 줘서 싱싱하게 살 줄 믿었소. 드디어 추수 때가 되 어 주인이 와서 포도를 딸 때도 난 염려하지 않았소. 포도송이 가 별로 좋지 않으면 주인이 가지를 나무라지 않고 포도나무만

탓했으니까 말이오. 당신도 참 포도나무이신 그리스도의 참 가지가 되려면 그분께 믿고 맡기시오. 그리스도께서 책임지실 것이오."

당신은 "그러면 게을러질 것 아니오?"라고 물을 것이다.

그렇지 않다. 살아 계신 그리스도께 맡기는 사람은 태만할 수 없다. 그리스도와 밀접한 관계를 가지면 성령의 열심과 사랑이 더욱 생겨나기 때문이다. 다만 온전히 의지하고 진심으로 맡기는 가운데 일을 시작해야 한다. 때로는 그리스도께 의지하려고 무진 애를 쓰다가도 과연 절대적인 의존을 할 수 있을까 하는 염려가 생기기도 한다. 자기 자신이 애쓰는 것만으로는 성취할 수 없기 때문이다. 다만 매일 전적으로 맡겨야 한다.

주님의 강한 손에 나를 맡기나이다.
모든 일이 이루어지도록
누가 전능하신 주님같이
놀라운 일을 행하리요?

날마다 예수님의 발 밑으로 나아가자. 그 평화와 안식의 자리로 나아가자.

내게 염려 없음은

내 모든 염려를 주께 맡겼음이요,

내게 두려움 없음은

내 모든 두려움을 주께서 돌보심이라.

사랑하는 하나님의 자녀들이여, 주께서는 당신을 통하여 역사하기 원하신다. 열렬한 사랑이 없다고 불평하는가? 주님에게서 나올 것이다. 그분이 하나님의 사랑을 심어 주실 때 당신은 이웃을 사랑할 수 있다. 확신이란 바로 그런 것이다.

"우리에게 주신 성령으로 말미암아 하나님의 사랑이 우리 마음에 부은 바 됨이니"(롬 5:5).

달리 말하면 "그리스도의 사랑이 우리를 강권하시는도다."라고 할 수 있다. 그리스도께서 나에게 사랑의 샘을 주시면 가장 천박하고 배은망덕한 자도, 지금까지 나를 지치게 했던 자도 사랑하지 않고는 못 견딜 것이다.

그리스도께 맡겨 드리자. 그분이 지혜와 힘도 주실 것이요, 이렇게 맡기는 것이 당신이 전하는 메시지의 가장 좋은 부분이 될 것이다. 사람들과 변론하고 논쟁하면 "저 사람은 밤낮 나와 다투고 논쟁만 해."라는 말을 들을 것이다. 그러나 하나님께 진심으로 맡기고 그리스도께 맡기면, 하늘의 평화와 안식과 거룩함이 말로 표현할 수 없는 축복을 마음속에 가져다 줄 것이다.

많은 열매를 맺음

셋째, 가지는 많은 열매를 맺는 교훈을 가르쳐 준다.

예수님은 본문의 비유에서 열매라는 말을 자주 사용하셨다. 처음에는 열매를, 다음에는 열매를 많이 맺으라고 하셨다. 우리는 열매를 맺어야 할 뿐만 아니라 많은 열매를 맺어야 한다.

"내 아버지께서 영광을 받으실 것이요"란 말 앞에 "너희가 열매를 많이 맺으면"이라고 하셨다. 첫째로 예수님이 하신 말씀은 "나는 참 포도나무요 내 아버지는 농부다. 내 아버지가 농부로서 나와 너를 돌보고 계신다."이다. 그리스도와 가지 사이의 관계를 지켜보시는 이는 하나님이시다. 따라서 우리가 열매를 맺게 되는 것은 그리스도를 통하여 역사하시는 하나님의 능력 때문이다.

그리스도인 여러분, 오늘날 이 세상은 일꾼이 없어서 멸망해

가고 있다. 일꾼의 수만 부족한 것이 아니다. 사실 일꾼들은 좀 더 진지하게 말한다.

"우리는 일꾼이 더 필요할 뿐만 아니라 새로운 능력과 구별된 생활방식을 가진 일꾼이 필요한 것이다."

하나님의 자녀에게 간곡하게 하고 싶은 말이 있다. 가까운 사람이 병에 걸렸을 때 얼마나 수고를 하는가? 친구가 죽음의 위험에 직면했는데, 포도를 먹이면 나을 수 있다고 하자. 그러면 포도가 제철이 아니더라도 어떤 수고를 들여서라도 죽어가는 친구에게 그 귀한 포도를 구해 주려고 노력할 것이다.

우리 주변에는 교회라고는 한 번도 가 보지 않은 사람도 많고, 교회에는 가기는 하지만 그리스도를 모르는 사람도 많다. 더구나 이 하늘의 포도, 에스골의 포도(민 13:24), 곧 참 포도나무의 포도를 맺으려면 반드시 하나님의 자녀라야 한다. 그리하여 그리스도와 교통하는 가운데 내적인 생명으로 열매를 맺어야 한다.

하나님의 자녀라고 하더라도 하늘의 참 포도나무 진액으로 가득 차지 않으면, 성령과 예수님의 사랑으로 충만하지 않으면, 하늘의 참 포도를 맺지 못할 것이다. 할 일이 많고, 해야 할 설교와 성경공부와 심방도 많고, 기관도 많고, 온갖 노력을 기울인다고 하면서도 그 속에 하나님의 능력이 나타나는 일은 부족함을 본다.

무엇이 결핍되어 있을까? 일꾼과 참 포도나무 사이에 밀접한 관계가 결여되어 있다. 하늘의 포도나무이신 그리스도께서 멸망해 가는 수많은 사람들에게 복을 내려 주실 수 있다. 그분만이 하늘의 포도를 맺히게 하실 능력이 있다. 그러나 주님께서 "너희는 가지라."고 하셨듯이, 주 예수 그리스도와 밀접한 관계를 가지지 않으면 참 포도를 맺지 못할 것이다.

사역과 열매를 혼동하기 말기 바란다. 그리스도를 위해 하는 사역은 상당히 많은데도 참 포도 열매가 아닐 수도 있다. 일만 추구하지 말고 열매 맺는 일에 집중하라. 이는 어디까지나 하나님의 아들 안에 있는 생명이요, 능력이요, 정신이요, 사랑이다. 하늘의 참 포도나무가 우리 마음에 직접 들어오시는 것이다.

포도에는 다양한 종류가 있어 이름도 다르고 향기와 맛도 각각 다르다. 마찬가지로 예수 그리스도의 마음에는 생명과 사랑 그리고 성령과 은혜와 능력이 있으며, 이런 것들은 온전히 하늘나라의 거룩한 것들로서 우리 마음속에 오게 된다. 이 하늘의 참 포도나무에 밀접하게 붙어 있기를 바라는 마음으로 이렇게 말하기를 원한다.

"주 예수님, 주님에게서 나오는 진액만을, 살아 계신 주님의 성령만을 바라나이다. 주님의 성령이 저를 통해 흐르게 하사 주님의 일을 하게 하옵소서."

참 포도나무의 진액은 바로 성령이다. 성령이 곧 하늘의 포도나무의 생명이므로, 우리가 그리스도에게서 받는 것은 바로 강하게 들어오시는 성령이다. 이는 무엇보다 필요하기 때문에 이 외의 것을 추구해서는 안 된다. 이것을 기억하고 있어야 한다. 그리스도께서 힘과 복과 도움을 여기저기서 조금씩 주실 것을 기대해서는 안 된다.

포도나무가 하는 일이 가지에게 특별한 진액을 주는 것이라면, 그리스도께서도 우리의 마음속에 성령을 주셔서 많은 열매를 맺게 해주실 줄 기대해야 한다.

이제 열매를 맺기 시작했다면, 그리스도께서 비유에서 "더 열매를", "열매를 많이" 맺으라고 하신 말씀을 듣고 있다면, 열매를 더 많이 맺기 위해 우리의 삶과 마음속에 더욱더 예수 그리스도를 모셔야 한다.

복음 사역자들인 우리는 일의 형편에만 몰두할 위험이 얼마나 큰지 모른다. 이를 위해 기도는 하면서도 신앙생활의 신선함과 힘과 기쁨이 늘 있지는 않다. 가지의 삶은 많은 열매를 맺는 것이어야 함을 기억해야 한다. 그 생명의 뿌리가 살아 계시고 참 포도나무이신 그리스도께 있기 때문이다.

친숙한 교제

넷째, 가지의 삶은 친숙한 교제의 삶이다.

다시 물어 보겠다. 가지가 할 일이 무엇인가? 그리스도께서 하신 고귀한 말씀은 "거하라."는 것이다. 우리의 삶은 거하는 삶이다. 어떻게 거해야 되는가? 가지가 매순간 포도나무에 붙어 사는 것과 똑같다. 가지들은 정월 초하루부터 섣달그믐까지 포도나무와 끊임없이 긴밀한 연관성을 갖고 지낸다. 참으로 묻기가 두려운 일이지만, 우리가 참 포도나무이신 주님과 끊임없이 교제하며 살 수는 없을까?

아마도 이렇게 말할 것이다.

"하지만 나는 다른 할 일이 너무도 많습니다."

매일 10시간이나 힘든 일을 하느라 우리의 뇌는 일상의 일들로 가득 차 있을 것이다. 하나님께서 그렇게 하도록 하셨다. 그러나 거하는 일은 뇌의 일이 아니요 마음의 일이다. 마음이 주님께 매달려 주님 안에서 쉬는 일이며, 성령께서 우리를 그리스도게 연결시켜 주시는 일이다. 우리는 인간의 머리로 생각하는 것보다 더 깊은 곳, 다시 말하면 내적인 생명의 깊은 곳에서 그리스도 안에 거할 수 있다. 그렇게 되면 매순간 자유롭고, 우리의 의식 속에서는 "은혜로우신 예수님, 저는 주님 안에 평안히 있나이다."라고 고백하게 될 것이다.

잠시 다른 일을 제쳐 놓고 이 참 포도나무와 함께 거할 때 그런 열매가 맺히는 것을 볼 수 있다.

이러한 지속적인 교통의 삶은 어떻게 이루어질까? 그것은 무엇을 의미할까?

그것은 은밀한 기도로 그리스도와 친숙한 교제의 관계에 들어감을 의미한다. 신자라면 고차원적인 삶을 간구하며, 때로는 큰 은혜를 받기도 하고, 어떤 때는 크나큰 하늘의 즐거움이 흘러 들어오는 것을 맛보기도 했을 것이다. 그러나 시간이 경과함에 따라 그것도 사라지고 만다. 그리스도와의 실제적이며 인격적인 교통이 매일 절대적으로 필요함을 깨닫지 못했기 때문이다. 하늘이나 땅에서 그 어떤 것도 그 필요성에서 당신을 놓아줄 수는 없다. 더욱이 복되고 거룩한 그리스도인이 되고자 한다면 말이다.

많은 신자들은 이러한 삶을 세금만큼이나 의무와 고충처럼 여긴다. 이러한 태도는 신앙생활 어느 면에서나 장애가 될 수 있다. 우리에게는 하나님과의 조용한 교통의 시간이 절실히 요구된다. 참 포도나무의 이름으로 말하고 싶은 것은, 많은 시간을 내어 하나님과 교통하지 않고서는 건실한 가지가 될 수 없으며 하늘의 진액이 흘러 들어오는 가지가 될 수 없다는 사실이다. 시간을 들여 하나님과만 교통하려고 하지 않는다면, 하나님께서 매일 내 속에서 역사하시도록 간구하지 않는다면, 하나님과 연결된 것을 지속시키지 않는다면, 끊임없는 교제의 은혜를 누리지 못할 것이다.

그리스도께서는 우리와의 친숙한 교제를 원하신다. 이제 이런 소원을 품기 바란다.

"주님, 저는 이 친숙한 교제를 사모하며 이것을 선택하겠나이다."

그때 주께서는 기꺼이 그러한 관계를 이루어 주실 것이다.

절대 순종

마지막으로, 가지의 삶은 절대 순종의 삶이다.

이 절대 순종이란 말은 어마어마하게 엄숙한 뜻이다. 그러기에 쉽게 이해하기 어려운 말씀이라 생각된다. 그런데 작은 가지가 이것을 설명해 준다.

"작은 가지야, 포도 맺는 일 외에 하는 일이 있니?"

"아니오, 아무것도 없습니다."

"그럼 아무것도 할 줄 아는 게 없단 말이니?"

아무것도 할 줄 아는 게 없다! 포도나무 조각은 펜으로도 사용할 수 없고 태워 버릴 수밖에 없다고 성경은 말한다.

"그렇다면 작은 가지야, 포도나무와의 관계는 어떠하니?"

"말하자면 나는 포도나무에 온전히 위탁되어 있습니다. 그래서 포도나무가 원하는 대로 얼마든지 진액을 많이 줄 수도 있고 조금 줄 수도 있습니다. 포도나무가 나를 임의로 할 수 있지요."

이것이 절대 순종의 삶이다. 우리는 주 예수 그리스도께 바로 이러한 절대 위탁의 삶을 살아야 한다. 여기에 대해 말을 더 할수록 설명하기가 더 힘들다는 것을 느끼게 된다.

어떤 개인이나 단체가 나와서 자신을 온전히 하나님께 순종하기로 작정하고, "주님, 저 자신을 온전히 바치기를 원하나이다."라고 말하기는 쉬운 일이다. 그것은 매우 가치 있는 일일 뿐만 아니라 풍성한 은혜를 받기도 한다. 그러나 조용히 상고해 볼 문제는 정말 절대 순종이란 도대체 무엇일까 하는 것이다.

쉽게 말하면, 그리스도께서 온전히 하나님께 드려진 것처럼 내가 온전히 그리스도께 드려지는 것이다. 그렇게까지 해야 하느냐고 하는 이들도 있다. 그렇게는 도저히 안 된다고도 생각한다. 그리스도께서 오로지 하나님 아버지의 기쁨만을 구하며, 자신의 생명을 바치고 전적으로 의지하셨던 것과 똑같이 나도 오직 그리스도의 기쁨만을 구해야 한다. 이것은 사실이다. 그리스도께서는 성령을 우리에게 불어넣어 주심으로, 그리스도처럼 우리도 전적으로 하나님을 위해 사는 것에서 가장 큰 행복을 누리게 하셨다. 그렇다면 우리는 다음과 같이 말해야 한다.

"예, 그렇습니다. 포도나무의 작은 가지가 그러하듯이 나도 하나님의 은혜로 그렇게 되기를 바랍니다. 매일매일 그리스도께서 원하시는 대로 나를 쓰실 수 있는 삶을 살고자 합니다."

우리 신앙의 밑바닥에는 큰 오해가 있을 수도 있다. 어떤 사람은 이렇게 말한다.

"내게는 사업과 가정에서의 의무도 있고, 시민으로서의 의무도 있습니다. 나는 이 모든 것을 바꿀 수가 없습니다. 나는 이 모든 것과 병행하여 나를 죄에서 지켜 줄 신앙을 가지고 하나님께 봉사도 해야 합니다. 하나님이 이런 의무들을 모두 잘 감당하게 해주실 것입니다."

그러나 이런 생각은 근본적으로 옳지 못하다. 그리스도께서는 세상에 오셔서 자기의 피로 죄인을 사셨다. 내가 노예시장에서 노예 한 사람을 산다고 가정해 보자. 그를 옛 환경에서 나의 집으로 데려가야 하고, 그는 나의 개인적인 소유물로서 내 집에서 살게 될 것이며, 나는 하루 종일 그를 부려먹을 수 있을 것이다. 그가 충성된 노예라면, 자기 의지와 자기의 관심은 없는 것처럼 살고 오로지 주인의 안녕과 명예를 증진시키는 일만 할 것이다. 이와 마찬가지로 그리스도의 피로 구속받은 나도 오직 어떻게 하면 내 주인을 기쁘시게 할 수 있을까 하는 생각만 하며 살아야 한다.

신앙생활이 어려운 것은 우리가 마음대로 살면서 하나님의 은혜를 구하기 때문이다. 우리는 우리가 원하는 길로만 신앙생활을 하고 있다. 스스로 계획하고 일도 선택해 놓고 나서 예수님의 내주하심과 보호하심을 구하고, 죄가 우리를 주관치 못하게 해주실 것과 그릇된 길로 가지 않게 해주시기를 구한다. 그러나 우리는 예수님과 올바른 교제를 통하여 자신을 온전히 그분의 손에 맡기고 매일 겸비하고 정직하게 나아가 구해야 한다.

"주님, 제 속에 주님의 뜻과 일치하지 않는 것이 있습니까? 주께서 명하지 않으신 것이나 온전히 주님께 바치지 못한 것이 있습니까?"

그렇게 꾸준히 참고 기다리면 그에 대한 결과가 있을 것이다. 그리스도와 나의 관계가 아주 밀접해지고 친숙해져서 전에는 전혀 그리스도께 순종하지 않았음을 깨닫고 놀라게 될 것이다. 이전에는 얼마나 주님과 거리가 먼 삶을 살았었는지 깨닫고, 이제 주님이 오셔서 나를 온전히 사로잡으시고 종일 끊임없이 교제하실 수 있으시며 실제로 그렇게 하신다는 것을 알아야 한다. 가지는 우리에게 절대 순종을 요구한다.

죄를 버리는 것에 대해 이야기하는 것이 아니다. 물론 그래야 할 사람들이 있다. 그들은 참을 줄 모르고 행실이 나쁘고 자주 죄를 지으면서도, 하나님의 어린양에게 그 문제를 온전히 내맡기지 않는다. 참으로 살아 있는 참 포도나무의 가지라면 죄를 한 가지라도 접어 두지 말기를 바란다.

이 성화의 과제에는 많은 어려움이 따르기 마련이다. 누구나 여기에 대해 동일한 견해를 가지고 있지는 않다. 모든 사람이 정직하게 온갖 죄에서 벗어나기를 바란다면, 그것은 별로 중요하지 않은 문제일 것이다. 그런데 우리에게 죄가 없을 수는 없으며 매일 어느 정도의 죄는 짓기 마련이라는 생각을 은연중에 가지고 있는 이들이 있을까 두렵다. 그런 사람은 진정으로 하나님께 부르짖어야 한다.

"주님, 저를 죄에서 지켜 주옵소서."

자신을 온전히 예수님께 드리고, 그분이 어찌하든지 우리를 죄에서 지켜 주시기를 간구해야 한다.

죄에 대해 타협하는 사상은 우리가 태어날 때도 그렇고 자라면서 더욱 팽배해져, 우리의 사역과 교회와 주변에 만연하여 우리는 그것을 당연시하고 절대 변할 수 없는 것이라고 생각하게 된다. 그래서 주 예수님께 나아와 이에 대해 간구하지 않는 것이다. 사랑하는 여러분, 예수님과 교제하는 가운데 이렇게 아뢰자.

"주님, 제 삶 속에 있는 모든 것이 참 포도나무이신 주님의 가지로서의 자세를 온전히 지니게 하옵소서."

그리스도께 철저히 항복하라. 나도 이 '항복'이란 말을 충분히 이해하지는 못한다. 때때로 그것은 새로운 의미로 다가오기도 한다. 때로는 그 의미가 무한히 확대되기도 한다. 그러나 용기를 가지고 큰소리로 이렇게 말하기 바란다.

"오 주님, 저는 오직 주님께 절대 항복하기로 작정했습니다."

그때 주께서는 그 뜻에 일치하지 않는 점을 보여 주시고, 더욱 깊고 높은 은혜로 인도해 주실 것이다.

결론적으로 그리스도께서는 이렇게 말씀하신다.

"나는 참 포도나무요 너희는 가지다."

"나 자신을 완전히 네게 주었던 나는 살아 있는 참 포도나무다. 너희가 나를 아무리 의지해도 지나치지 않다. 나는 전능한 사역자요, 하나님의 생명과 능력이 충만한 자다."라고 말씀하신다.

우리는 예수 그리스도의 가지들이다. 혹시 마음속에 당신이 튼튼하고 건전하고 열매 맺는 가지가 아니라는 생각이 들면, 예수님과 밀접하게 연결되어 있지 않은 것이다. 마땅히 그래야 하는데도 그 안에 살고 있지 않다고 여겨지면, 이제 그리스도의 음성에 귀를 기울여 보라.

"나는 참 포도나무로서 너를 받아들이며, 너를 내게로 이끌고, 너를 축복하며, 강건케 하며, 내 성령으로 채워 주겠다. 참 포도나무인 내가 너를 택하여 가지가 되게 하였고 나를 온전히 네게 주었다. 자녀들아 너희 자신을 내게 온전히 바쳐라. 나는 하나님으로서 나 자신을 네게 전적으로 주었다. 온전히 너의 소유가 되려고 사람이 되어 너를 위해 죽었다. 자, 너희도 와서 너희 자신을 온전히 나에게 맡겨라."

이제 무슨 대답을 하겠는가? 참으로 마음 깊은 곳으로부터 살아 계신 그리스도께서 우리 각 사람을 취하셔서 그분에게 가까이 연결시켜 주시기를 구해야 할 것이다.

아무쪼록 살아 계신 포도나무이신 그리스도께서 우리 한 사람 한 사람을 그분에게 연결해 주심으로써 우리가 마음에서 우러나는 목소리로 "그리스도는 나의 참 포도나무요, 나는 그의 가지라네. 더 이상 아무것도 원하지 않네. 영원하신 참 포도나무를 소유하였네."라고 노래하게 되기를 바란다.

홀로 주님과 함께 있을 때 그분을 경배하고 기리고 찬양하고 신뢰하면서 그분의 사랑을 기다리자.

"주님은 참 포도나무요, 저는 주님의 가지입니다. 이것으로 흡족합니다. 제 영혼은 만족합니다."

주님의 복되신 이름이 영광을 받으시옵소서.

사명선언문

너희가 흠이 없고 순전하여……세상에서 그들 가운데 빛들로
나타내며 생명의 말씀을 밝혀 _ 빌 2:15-16

1. 생명을 담겠습니다
만드는 책에 주님 주신 생명을 담겠습니다.
그 책으로 복음을 선포하겠습니다.

2. 말씀을 밝히겠습니다
생명의 근본은 말씀입니다.
말씀을 밝혀 성도와 교회의 성장을 돕겠습니다.

3. 빛이 되겠습니다
시대와 영혼의 어두움을 밝혀 주님 앞으로 이끄는
빛이 되는 책을 만들겠습니다.

4. 순전히 행하겠습니다
책을 만들고 전하는 일과 경영하는 일에 부끄러움이 없는
정직함으로 행하겠습니다.

5. 끝까지 전파하겠습니다
모든 사람에게, 땅 끝까지, 주님 오시는 그날까지
복음을 전하는 사명을 다하겠습니다.

서점 안내

광화문점   서울시 종로구 새문안로 69 구세군회관 1층
02)737-2288 / 02)737-4623(F)

강남점   서울시 서초구 신반포로 177 반포쇼핑타운 3동 2층
02)595-1211 / 02)595-3549(F)

구로점   서울시 동작구 시흥대로 602, 3층 302호
02)858-8744 / 02)838-0653(F)

노원점   서울시 노원구 동일로 1366 삼봉빌딩 지하 1층
02)938-7979 / 02)3391-6169(F)

일산점   경기도 고양시 일산서구 중앙로 1391 레이크타운 지하 1층
031)916-8787 / 031)916-8788(F)

의정부점   경기도 의정부시 청사로47번길 12 성산타워 3층
031)845-0600 / 031)852-6930(F)

인터넷서점   www.lifebook.co.kr